Emigración

y

Redención

¡La otra cara de la religión!

Dr. José R. Reyes

EMIGRACIÓN Y REDENCIÓN

Portada: Miguel A. Gómez (203-901-3131)

Número de Control de la Biblioteca del Congreso de EE. UU.:		2014904878
ISBN:	Tapa Dura	978-1-4633-6798-5
	Tapa Blanda	978-1-4633-6797-8
	Libro Electrónico	978-1-4633-6796-1

Este libro fue impreso en los Estados Unidos de América.

Fecha de revisión: 26/08/2014

Para realizar pedidos de este libro, contacte con:
Palibrio LLC
1663 Liberty Drive
Suite 200
Bloomington, IN 47403
Gratis desde EE. UU. al 877.407.5847
Gratis desde México al 01.800.288.2243
Gratis desde España al 900.866.949
Desde otro país al +1.812.671.9757
Fax: 01.812.355.1576
ventas@palibrio.com
494783

ÍNDICE

DEDICATORIA

Este libro es dedicado a la SANTÍSIMA TRINIDAD DE DIOS. Padre, Hijo y Espíritu Santo, por su amor y su misericordia para toda la humanidad.

A mi esposa Vanessa: Mi compañera de toda la vida.

A mis hijos: José Jr., Vanilda, Wesley y Delia

A mis Nietos Eva, Elexis, Jaden, Emilia, Dominic, Emmanuel, Nathan, Elena, Isaac, Benjamín, Wesley, Jonathan y los que vienen de camino y continuaran llenando nuestros corazones de alegría.

A mi madre-abuela Isabel: La mujer que me tomo en sus brazos desde que nací y me hizo el hombre que soy.

A mi madre Gilda quien me llevo en su vientre y fue el instrumento que Dios utilizo para traerme a esta tierra.

A mi padre José Reyes II

A Mirla Mesa: Mi hermana gemela

A todos mis hijos espirituales, adoptados y engendrados en diferentes países.

A mi amada Iglesia Nueva Vida de Cleveland, Ohio.

A mi hermano MAMERTO: El primero de mi familia en emigrar a los Estados Unidos y ha trabajado duramente para que muchos pudiéramos lograr nuestros sueños.

A todos mis amigos y compañeros de ministerio en todo el mundo.

A mi hermana María: Misionera del Señor, quien renuncio a la ciudadanía Norte Americana para ir a la Republica Dominicana a trabajar con la gran comunidad de inmigrantes Haitianos que reside en ese país.

AGRADECIMIENTOS

Quiero a gradecer y reconocer la hermosa obra que a través de los siglos han realizados todos los misioneros Norte Americanos, que un día dejaron su tierra para cumplir con la gran comisión de ir por todo el mundo, llevando el mensaje de salvación a toda criatura.

A los INDIOS de Norte América por abrir las fronteras de estas tierras, para que hoy podamos vivir juntos, millones y millones de personas de todas las razas y colores. HONOR A QUIEN HONOR MERECE.

A los padres fundadores de los Estados Unidos de Norte América, por haber construido un país de LIBERTAD.

PROLOGO

Un día sentado en el balcón de mi hogar, Dios habla a mi corazón y me dice: "Te moveré de lugar y te hago un llamado a salir de lo que conoces a lo que aún no conoces", eso sucedió en el año 2005. Para el año 2007 ya me encontraba en la cuidad de Cleveland, Ohio, después de un proceso de desprendimiento material y una lección de dependencia a Dios. Mis circunstancias fueron claras pues fue un llamado específico, que aunque produjo incertidumbre y temor, sabía que Dios estaba en control. Ese mismo año conocí al Pastor José Reyes y por primera vez me encontraba rodeado de hermanos de muchas naciones, cosa que era nueva para mí.

Fue entonces que pude ver las cosas desde una perspectiva distinta, no todos dejan sus países por razones similares a las mías, muchos no son llamados, son forzados a dejar el país. Otros viendo la limitaciones y la falta de oportunidades ponen sus esperanzas en el "Sueño Americano". Esto provoca separaciones, tristezas y sufrimiento a todos los envueltos en estas decisiones. Lo más que afecto mi corazón fue ver desinterés en el tema y falta de una comunicación efectiva con esta comunidad.

Cuando se habla de emigración e inmigración, la mayoría de las veces se toca el tema políticamente o en términos institucionales.

Muchos cierran sus ojos para no ver esta horrible realidad, prefiriendo el sufrimiento de algunos que el compromiso de todos.

Pero no hay satisfacción mayor ante los ojos de Dios y de la sociedad que cuando alguien dice como dijo el Profeta Isaías: "Heme aquí, envíame a mí". Alguien que toma responsabilidad y dice lo que muchos no pueden decir y aun, lo que muchos no quieren escuchar. Es por eso que el Pastor José Reyes es para mí el Campeón de los Inmigrantes, porque les da voz y nos permite ver y sentir lo que ellos ven y sienten. El propio Pastor José Reyes llego un día a este país dejando su patria y su hogar en la Republica Dominicana.

Este libro no es un simple texto, sino que son las historias, lágrimas y esperanzas de muchos que han tenido que atravesar esta amarga realidad. Estamos en deuda con los que levantaron este país, los inmigrantes y ahora que creemos estar de pie, son rechazados y perseguidos. Pero debemos darles gracias a Dios porque siempre levanta a alguien en todas las épocas para manifestar lo que es justo y necesario. Martin Luther King, un pastor y líder de los derechos humanos se levantó y denuncio la injusticia, hoy con nuestro primer presidente de color hacemos historia.

Esperamos que la justicia continúe ganando la batalla en contra del discrimen y que algún día veamos a nuestros hermanos inmigrantes seguros y realizados, no solo en el sueño americano, sino con el sueño que cada nacionalidad merece ver cumplido, mis respetos al Pastor José Reyes por tener la valentía y determinación de hacer y escribir un libro como este, en un tiempo como este, en honor a la verdad.

Dr. Juan Carlos Vargas-Mercado – Pastor Asociado, Ministerio Mundial Nueva Vida y autor del libro, Diseño Espiritual.

INTRODUCCIÓN

<<Porque Jehová es nuestro Dios que hizo los cielos y la tierra y todo lo que existe y, por tanto, Él es el Señor del cielo y la tierra. Porque El da vida y aliento y todo a todos. De una sola sangre y de uno solo formó toda la raza humana, para que poblase la superficie entera de la tierra y luego distribuyó las naciones y definió las etapas de la historia. >>
Hechos 17:24-26

Vivimos en un mundo que está cambiando constantemente, y para nosotros, como pueblo de Dios, los cambios representan un gran desafío, para activar en el corazón de nuestro pueblo, el sentido de compromiso que fue depositado en la iglesia, por nuestro Señor y Salvador Jesucristo. Todo lo que Dios ha establecido debe permanecer ante todos los cambios que se produzcan en el mundo natural y en el mundo espiritual. El mensaje de la iglesia debe ser un mensaje de transformación, que provoque cambios en todos los aspectos de la vida humana. Y sabemos que la provocación existe cuando se incita de palabra, por escrito y por cualquier otro medio de posible eficacia. La difícil situación por la que atraviesa el género humano en la actualidad, constituye un llamado al pueblo de Dios para que despierte, ante la gran necesidad emocional, material y espiritual y material que el ser humano contemporáneo está viviendo.

Todo lo que sucede en nuestro entorno, no viene para paralizarnos, sino para retarnos a ser un agente de cambios en nuestra generación; un desafío a transformar nuestra conducta, para que podamos disfrutar de un ambiente de armonía espiritual y de hermandad que nos lleve al establecimiento del reino de Dios en esta tierra. Es tiempo que el organismo eclesiástico tenga receptividad y se convierta en un medio para la restauración de la esperanza y la confianza que el hombre y la mujer han perdido; y para lograrlo tenemos que ser sensibles ante la realidad y abrir nuestro corazón a la palabra de Dios, y cuando seamos receptivos al mensaje profético, el glorioso poder de la palabra <<dinamus>> o <<dinamita>> va a despertar la conciencia, a fin de poder ver la realidad de la gran crisis mundial por la cual está cursando el género humano, en el ámbito físico y más profundamente en el ámbito espiritual, debido primeramente a la situación de desenfreno moral y sus tristes y desastrosas consecuencias.

Una gran realidad que estamos viviendo en el mundo de hoy, y que la iglesia no la está percibiendo, es el desencadenamiento migratorio a nivel global. El tema de la migración o el desplazamiento de seres humanos, desde su lugar origen, en la búsqueda de un mejor destino para su familia. No puede estar divorciado de la realidad universal; porque desde el Huerto del Edén, territorio donde Dios hizo habitar a nuestros ancestros, hay una autorización y un mandato, de parte del creador, que dice: <<*Creced, sean fecundos, multiplíquense, llenen la tierra y sométanla; dominen a los peces del mar, a las aves del cielo y a todos los animales que se mueven sobre la tierra. Y dijo Dios: Miren, les entrego todas las hierbas que engendran semilla sobre la tierra; y todos los árboles frutales que engendran semilla les servirán de alimento; y todos los animales de la tierra, a todas las aves del cielo, a todos los reptiles de la tierra, a todo ser que respira, la hierba verde les servirá de alimento.*>>

Esto quiere decir que no existían las fronteras y guardias que velaran la misma. Todos los descendientes de Adán y Eva, se desplazarían por todo el mundo, sin la preocupación de tener que pasar por la angustia, de enfrentarse a una autoridad fronteriza, o tener que presentar un <<***pasaporte***>> que identificaría la legalidad o ilegalidad de la entrada a un nuevo territorio. Los grandes imperios y las naciones, no aparecen en el plan original. Si tomamos la historia bíblica como modelo, vamos a llegar a la incontrovertible conclusión de que todos descendemos de emigrantes. Cuando trazamos un mapa migratorio de los últimos tiempos, tenemos que ubicar su eje central en los Estados Unidos de Norte América, porque desde hace muchos años, esta nación fue declarada como la potencia más grande del mundo, de acuerdo a los parámetros humanos. Desde que los primeros peregrinos desembarcaron en las playas de Plymouth Massachusetts, en busca del sueño de <<***libertad religiosa***>>, y que en ese momento histórico para el mundo, cuando ellos desembarcaron, en lugar de ser perseguidos recibieron un <<*WELCOME*>> (Bienvenidos), de parte de los originales pobladores de estas tierras.

Estos humildes e inocentes seres humanos, recibieron a los nuevos visitantes con los brazos abiertos, y sin llamarlos <<*ALIEN*>> (EXTRATERRESTRES) Y sin hacerlos pasar por un oficial de INMIGRACIÓN que les otorgara una <<*GREEN CARD*>> (tarjeta verde). Abrieron sus brazos y sus corazones para que estas tierras del norte del continente americano, se convirtieran en el lugar soñado para todos los que anhelan *libertad religiosa, libertad política, libertad económica, y la oportunidad de lograr una mejor vida para toda la familia.* Ellos, actuaron intuitivamente, entendiendo que, desde nuestros primeros padres, la migración ha sido parte de la existencia y el desarrollo de la humanidad. Ellos, sin saberlo, estaban abriendo las puertas a un fenómeno migratorio global, sin precedentes en la historia de la humanidad, y, empezaron a construir una nueva modalidad migratoria y por este nuevo fenómeno en el proceso de las migraciones mundiales, iniciado por aquel grupo de soñadores pertenecientes al reino de los cielos, esta nación, ha sido bautizada o marcada, aun por algunos gobernantes modernos, como una tierra de inmigrantes. Declaración sincera, que ha llevado a este país, a ser el centro mundial del establecimiento de leyes migratorias, que controlen el tráfico de seres humanos y la venta de sueños e ilusiones.

A medida que Dios prosperaba y bendecía a esta nación por su fidelidad a los mandamientos del Eterno, se fue convirtiendo en el centro de atracción de aquellos que también tenían un sueño; ya para el año 1907, aconteció el primer fenómeno migratorio en los Estados Unidos de norte América. En ese año histórico y sin precedentes, ingresó a esa nación la cifra que aún permanece como la más alta en la historia de 1,700.000 nuevos inmigrantes de diferentes rincones del mundo. Pero esta vorágine migratoria no es exclusiva de los Estados Unidos de Norte América, sino que es parte activa del cumplimiento profético de Daniel 12:4. El santo y ungido profeta del Altísimo, en el cuadro profético que le fue presentado, pudo visualizar un tiempo migratorio sin precedente en la historia de la humanidad, donde la gente correría de un lugar a otro, sin rumbo fijo buscando un lugar donde reposar de la angustia de los tiempos y ver la realización de sus sueños. La globalización migratoria que visualizo el Profeta Daniel, está teniendo su fiel cumplimiento, a medida que se acerca el fin de los tiempos. El final de la primera década de nuestro siglo XXI según las estadísticas, alrededor de 214 millones de personas viven fuera del territorio o país que les vio nacer.

Daniel 12:4.

> *<<Pero tú, Daniel, Cierra las palabras y sella el libro hasta el tiempo del fin. Muchos correrán de aquí para allá, y la ciencia aumentara>>*

Por el mensaje que contiene esta declaración profética, el protagonismo del proceso migratorio, no debe estar en las manos de las Naciones Unidas, ni de los Estados Unidos o de las grandes potencias económicas y políticas del mundo, sino en las manos de la iglesia de Jesucristo a nivel mundial. Los embajadores del reino de los cielos, no deben permitir que el enfoque humanista este por encima del enfoque profético y salvífico del fenómeno migratorio. La llama de la pasión por ver la redención de los oprimidos por el pecado y la miseria, tiene que ser encendida en el corazón de aquellos que llevan el nombre del Cristo que redime. La emigración, está abriendo el camino a un nuevo modelo de EVANGELIZACIÓN. Mientras los gobiernos promueven la PERSECUCIÓN, la iglesia tiene que hablar de REDENCIÓN, COMPRENSIÓN Y UNIFICACIÓN. Esa misma iglesia, que desde el principio ha sufrido persecución, hoy debe ser portavoz de un mensaje de AMOR, PERDÓN Y ACEPTACIÓN.

La voz profética, tiene que ser escuchada en todo el mundo y por todos los medios de comunicación, proclamando el mensaje de paz y esperanza, contenido en la gran comisión que dice el libro de Marcos 16.15:

> *<<Vayan por todo el mundo y anuncien las buenas nuevas a toda criatura>>*

El glorioso mensaje de las buenas nuevas, debe ser un mensaje desafiante, *que detenga la segregación y promueva, declare y establezca, el mensaje de integración*, el cual fue revelado por el Espíritu Santo al apóstol Pablo, cuando le explicaba a los hermanos de la iglesia en Éfeso, el camino de integración que fue abierto por Jesucristo en la Cruz del calvario. Cuando Jesucristo dijo: "*Consumado es*", esa declaración, trascendió las fronteras universales y declarando a todos los seres humanos que, <<*El SHALOM*>>, es nuestra paz, quien de todos los pueblos hizo uno, derribando la pared intermedia de separación y puso fin a los mandatos y reglas de las leyes humanas, inspiradas en el egoísmo y destruyendo sus argumentos, hizo de todos los pueblos una sola y nueva humanidad, haciéndolos parte de sí mismo.

En la paz que los creo, hizo milagrosamente, que todos sean parte de un mismo cuerpo, reconciliándolos con Dios el padre mediante la cruz y allí en la cruz murió la enemistad y por ende la segregación y la discriminación. Cristo vino a abolir la esclavitud y la desigualdad, proclamando las buenas nuevas de paz y así establecer la igualdad y la unidad entre los que estaban lejos y los que estaban cerca. El apóstol Pablo declara, que gracias a Cristo, los judíos (incluidos) y los gentiles (excluidos) podemos acercarnos y considerarnos hijos de un mismo padre con la ayuda de un mismo Espíritu. Por el decreto universal firmado y sellado con la última gota de sangre que brotó del costado abierto del Eterno Cordero de Dios que quita el pecado del mundo, ya ningún ser humano, que haya sido alcanzado por la obra redentora de Cristo, no importa donde haya nacido, no puede ser considerado como extraño ni extranjero, en ningún lugar de la tierra, sino como ciudadano, junto con los santos y miembros de la familia de Dios. Y si Dios es mi padre y a Dios pertenece la tierra y Suyo es cuanto ser habita en el mundo, entonces nadie me puede arrebatar el derecho a utilizar la porción que me pertenece. Pues todos somos hijos de Dios mediante la fe en Cristo Jesús.

En la carta a los Colosenses en el capítulo tres y versículo once, el santo apóstol de los gentiles dice que: <<*La nacionalidad, la raza, la religión, la educación y la posición social carecen de prioridad en esta vida y que lo que realmente importa es que Cristo es todo y está en todos.*>>

Colosenses 3:11-15

> <<*Por eso ya no tiene importancia ser griego o judío, circunciso o incircunciso, bárbaro o escita, esclavo o libre, sino que Cristo lo es todo para todos. Por tanto, como elegidos de Dios, consagrados y amados, revístanse de sentimientos de profunda compasión, de amabilidad, de humildad, de mansedumbre, de paciencia; sopórtense mutuamente; perdónense si alguien tiene queja de otro; el Señor los ha perdonado, hagan ustedes lo mismo, por encima de todo establezcan el amor, que es el broche de la perfección. Y que la paz de Cristo dirija sus corazones, esa paz a la que han sido llamados para formar un cuerpo.* >>

Pablo está haciendo un llamado a los seguidores de Jesucristo a que asuman un comportamiento que produzca cambios radicales en nuestra sociedad y encienda el fuego de una revolución espiritual y redentora.

Estamos viviendo un tiempo glorioso de cumplimiento profético. Y la iglesia no puede alejarse del fundamento que le dio inicio a una nueva dispensación. El establecimiento glorioso de la dispensación del Espíritu Santo, Fue proclamado en medio de una revolución migratoria sin precedentes en la historia. En el primer capítulo del libro de los hechos del Espíritu santo, leemos: *<<El Cristo resucitado y glorificado. Durante los cuarenta días que siguieron a sus sufrimientos, se presentó repetidas veces ante los apóstoles y les demostró que estaba vivo. En todas esas ocasiones les hablo del reino de Dios. Estando con ellos, les mando que no salieran de Jerusalén hasta que, tal como ya les había dicho, recibieran la promesa del Padre. Juan les bautizó con agua –les recordó-, pero dentro de poco ustedes serán bautizados con el Espíritu Santo. Los que se habían reunido con Jesús le preguntaron: Señor, ¿vas ahora a restaurar el reino de Israel? El Padre ha fijado ese tiempo –les contestó-, y a ustedes no les corresponde saberlo. Sin embargo, cuando el Espíritu Santo descienda sobre ustedes recibirán poder para ser mis testigos no solo en Jerusalén, sino también en toda Judea, en Samaria y hasta lo último de la tierra.*>> Con estas palabras de autoridad el Divino Rabí de Galilea, les estaba anunciando un tiempo de redención, emigración y restauración, donde el velo de separación racial seria quitado de en medio y que la restauración del reino de Israel se construiría con la proclamación del mensaje de redención e integración de todos los que moraban en Jerusalén, en toda Judea, en Samaria y hasta lo último de la tierra.

> <<*Cuando recibieron la promesa del padre, en aquel día glorioso del pentecostés, los creyentes estaban juntos reunidos, como Jesús les había ordenado y escucharon de repente un estruendo semejante al de un vendaval, que venía del cielo y que hacia retumbar la casa en que estaban congregados. Acto seguido aparecieron lenguas de fuego que se le*

> *fueron posando a cada uno en la cabeza. Entonces cada de los presentes quedo lleno del Espíritu Santo y empezó a hablar en idiomas que no conocía, pero que el Espíritu Santo le permitía hablar. Y continúa diciendo algo muy interesante, en aquellos días había en Jerusalén una gran cantidad de judíos piadosos de muchas nacionalidades. Al escuchar el estruendo que se producía sobre la casa, multitudes de personas corrieron a ver qué sucedía, y los extranjeros o inmigrantes, se quedaron pasmados al oír el idioma de sus respectivos países.*

¡Qué momento tan glorioso! ¿Cómo es posible?-exclamaban-. ¡Estos hombres son Galileos y, sin embargo, los escuchamos hablar en el idioma que se habla en los países en que hemos nacido! Entre nosotros hay gente de Partía, Media, Elam, Mesopotamia, Judea, Capadocia, Ponto y de Asia, Frigia, Panfilia, Egipto, Las regiones de Libia más allá de Cirene, Creta y Arabia, aparte de los Judíos y *conversos que han venido de Roma.* >> La integración era tan perfecta que cada uno de los inmigrantes podía relatar en su propia lengua nativa las grandezas del Eterno Dios y Padre de todos. La redención llego al mundo personalizada en todas las naciones allí presentes. Todo el mundo conocido, acudió aquel día a una gran cita Divina, para proclamar en todos los idiomas, que la semilla del racismo, fue quemada por el fuego del Espíritu Santo. Los grandes movimientos espirituales en la historia universal, no han empezado con grandes multitudes. Han empezado, con un grupo de hombres y mujeres de todas las edades y grupos étnicos, dispuestos a pagar un precio. Dispuestos a ser un tizón encendido por el fuego del Espíritu Santo, y se han unido sin discriminación ¡Un tizón con otro tizón!, formando un gran fuego, que se va expandiendo hasta cubrir la ciudad, el país y el mundo, en el cumplimiento de la gran comisión. Y por experiencia sabemos, que no se puede cumplir con la gran comisión, si no estamos dispuestos a pagar el precio, y reconocer que hay que sumergirse en el rio del Espíritu de Dios.

CAPITULO 1

AMOR Y COMPASIÓN

> *<<Dura es la ley de amor, pero por dura que sea, hay que obedecerla, pues la tierra y el cielo por ella están unidos desde el fondo de las edades. >>*
>
> *Petrarca, Francesco.*

UN MIERCOLES LLENO DE NIEVE

Aquella noche fría de invierno, grandes copos de nieve caían sobre la ciudad Cleveland, Ohio, y en nuestra congregación -<< NUEVA VIDA, >> y como es acostumbrado, cada miércoles por la noche; lo dedicamos a la oración y a la guerra espiritual. Las puertas del templo están abiertas para todos los valientes, que nunca los detienen las bajas temperaturas o las altas temperaturas, para llegar a la Casa del Señor, y juntos, levantar las manos en el santuario y con fe inquebrantable, valentía y entusiasmo vehemente, bendecir a Jehová de los ejércitos y declararle la guerra a nuestro adversario, el diablo, el cual siempre anda <<*como león rugiente*>> <<*buscando a quien robar, a quien paralizar,*>> a <<*quien matar y a quien destruir y obstaculizar.*>> Esa noche a pesar del frio, llegaron los enfermos, los tristes, los endeudados y los que de alguna manera estaban heridos y enlutados por la opresión del enemigo.

Dentro de aquella multitud de creyentes de todas las edades y razas, apareció un hombre con una expresión de dolor en su rostro, que nunca la podré olvidar. Aquel hombre, no se arrodilló, ni levantó las manos como los demás. Solo dejaba que las lágrimas corrieran libremente por sus mejillas. Después de concluir el tiempo de guerra espiritual, haciendo como es acostumbrado, *un clamor por nuestra ciudad y despedir a la multitud*, cubriéndolos con la preciosa y poderosa sangre del cordero de Dios, que fue derramada en la cruz para la redención de la humanidad caída.

Me acerqué a aquel hombre, que permaneció sentado, llorando y estudiando cada movimiento nuestro. Muchos hermanos se acercaban para bendecirlo y darle la bienvenida. Él parecía no creer lo que sus ojos contemplaban, después de un largo y profundo suspiro, se levantó, recibió mi abrazo y me dijo entre sollozos: << *¡Pastor! ¿Puede usted recibirme en esta iglesia*?>>....mostrando señales de asombro por la pregunta le dije: << *¡Claro que si mi hermano! Las puertas de la iglesia y de nuestro corazón están abiertas para usted.* >> Todavía en mis oídos resuena el grito de aquel hombre que brotó de lo profundo de su ser. Lo abracé nuevamente y después de llorar por un tiempo sobre mis hombros me dijo: <<*Yo llegue hasta aquí, después de haber tenido una reunión con el líder de la iglesia a la que he estado asistiendo desde que llegué de mi país, en busca de mejorar el nivel de vida de mi familia. Hoy fui citado por el pastor a una reunión en la congregación, para decirme que por favor, buscara otra iglesia para congregarme, porque él no quería problemas con el* ***departamento de inmigración***. >> Tengo que confesar, con toda sinceridad, que nunca había sentido tantos deseos de ir detrás de una persona y gritarle de tal forma, que llegara a arrepentirse y retractarse del mal que había causado. Pero El Espíritu Santo de Dios habló a mi corazón y me dijo (algo que me llevo a pensar profundamente): <<*"Él no lo hizo por falta de amor, sino por falta de conocimiento y tú sabes que mi pueblo perece por falta del conocimiento de los principios que deben conducirlo al valle de la compasión"*>>

Pero de acuerdo a las palabras del profeta Oseas, el pueblo de Dios continuara pereciendo hasta que no tome la decisión de lanzarse a navegar en el rio del Espíritu, donde sea sumergido en el proceso espiritual de enseñanza-aprendizaje; proceso mediante el cual podemos entender el por qué.

La enseñanza, Educación y aprendizaje

La educación o el conocimiento no son igualmente exitosos con todos o imposible en algunos casos.

Los sociólogos de la educación al hablar de esta desigualdad en la adquisición del conocimiento introducen algunos términos que es importante conocer. Primero: La *enseñabilidad;* Segundo: La *educabilidad* y tercero: La *aprendibilidad.* La enseñabilidad se define como <<*la posibilidad que tiene cada ciencia o cada área del saber, de ser enseñada de acuerdo a los métodos y técnicas de construcción original.*>> Cuando tienen que definir la educabilidad, se entiende como <<*la capacidad que tiene cada persona de ir aprendiendo o adquiriendo nuevos conocimientos que le permiten la integración al orden social y religioso y la adquisición de nuevas conductas a lo largo de su existencia.*>> Los sociólogos y psicólogos de la educación se formulan la pregunta de ¿Por qué algunas personas debido a su situación social y familiar en que viven, no pueden tener éxito en la vida, mientras que otros en las mismas situaciones salen adelante y se integran a la sociedad y son productivos? Esto sucede, porque para lograr el éxito deseado en el proceso de la enseñanza, es necesario hacer cambios en las estructuras sociales y familiares pero principalmente en el área eclesiástica. El mismo principio que se aplica a la educabilidad, se puede aplicar a la espiritualidad.

¿Por qué algunas personas logran alcanzar un nivel espiritual más alto, mientras que otros viviendo en la misma condición y teniendo el mismo Dios no lo pueden alcanzar? La respuesta es <<que *no han sido capaces de pagar el precio de la obediencia y sometimiento a los mandamientos del Supremo Dios.*>>

LA GRAN ***omisión***

Aquel día el Espíritu Santo me hizo recordar que la <<*ignorancia*>> ha sido una corriente que ha llevado a las iglesias lejos del cumplimiento y el establecimiento de la gran comisión, convirtiéndola en ¡***LA GRAN OMISIÓN!*** El pueblo de Dios perece porque no se ha detenido a buscar el conocimiento. Es por eso que nos encontramos frente a la imperiosa necesidad de empezar a crear conciencia en el pueblo que ha sido escogido por Dios, acerca de nuestra gran responsabilidad misional y social. *El conocimiento sensitivo*, es la facultad con la cual nos relacionamos con la realidad del mundo exterior. Es a través del conocimiento, que encontramos la respuesta de Dios a las necesidades primordiales del hombre y la mujer, y la revelación de su Divina voluntad para el presente, así como sus planes y propósitos permanentes, hasta que lleguemos a la eternidad. ¡Aquel día inolvidable para mí! Me pareció escuchar al profeta Oseas repetir y con voz potente decir: <<*Mi pueblo es destruido, por falta de* *conocimiento, perece por no seguir mis instrucciones. Por cuanto tú has rechazado el conocimiento, yo te rechazaré de mi sacerdocio; te olvidaste de la ley de tu Dios, por lo tanto, yo me olvidaré de tus hijos.* >> Oseas 4:6.

La ignorancia, ha sido desde la antigüedad, el arma más efectiva que Satanás ha utilizado para destruir los sueños que motivan a los hijos del pueblo de Dios a lograr sus metas y propósitos en la vida.

El profeta Oseas, hombre de Dos, el cual no solamente conoció los planes de Jehová, sino que también los obedeció, aunque esto le llevó hasta el sacrificio, demostró con su obediencia que seguir las instrucciones de nuestro Dios, traerá bendición sobre nosotros y sobre nuestra generación. ¡Qué tristeza! Que al igual que aquel pastor, muchos ministros y miembros del cuerpo clerical, se encuentren inmovilizados, solamente porque les falta *conocimiento.* Abraham Lincoln, el décimo sexto presidente de los Estados Unidos de Norte América, después de muchos años de luchas internas, finalmente el 22 de septiembre del año 1862, con lágrimas en los ojos, firmó la humanitaria e inolvidable ley, mediante la cual se abolía la malvada y amarga esclavitud en los Estados Unidos de Norte América. La promulgación de esta ley otorgaba a miles de esclavos, la libertad por la cual habían llorado y clamado tanto. Muchos hicieron fiesta, tomaron grandes decisiones y otros celebraron cultos para cantar la canción de libertad; pero mientras esto sucedía, en otros lugares, muchos esclavos ignoraban que eran << *libres al fin*>> y continuaban enlutados bajo la opresión del enemigo. Muchos de los criminales terratenientes, se encargaron de ocultar la información y así mantener esclavizados a hombres y mujeres que no conocían que eran libres. Pero el conocimiento de su compromiso salvífico y profético, llevó a muchos pastores a organizarse y formar un gran movimiento *abolicionista*, que se encargó de distribuir panfletos por todo el sur de los Estados Unidos de Norte América. Predicaron en las congregaciones y escribieron canciones, proclamando libertad. Muchos Afroamericanos, aún con la Biblia en sus manos, ¡seguían trabajando como esclavos!

¡Vivian como esclavos! Y ¡caminaban como esclavos! Solamente porque les faltaba el conocimiento de que eran libres por ley. La valiente acción de las organizaciones eclesiásticas con pastores y líderes laicos comprometidos con el reino de los cielos, provocó que se hiciera justicia y el día primero de enero del año 1863, se promulgó una orden ejecutiva, mediante la cual se enumeraba diez estados específicos donde la ley obligatoria, tenía que ser aplicada y dada a conocer constitucionalmente. A partir de esa orden legislativa todos conocieron y establecieron su libertad hasta hoy. Por eso dijo este gran hombre, **líder del movimiento de emancipación**:<<*Si pudiéramos saber primero en donde estamos y a donde nos dirigimos, podríamos juzgar mejor que hacer y cómo hacerlo.* >>

La iglesia de Jesucristo carece de actitud educativa y aplicativa en relación a lo que es el ministerio de compasión, engendrado en el corazón del maestro de Galilea, en aquel momento, cuando vio las multitudes hambrientas y navegando en el mar de la desesperación.

Dice la Biblia en Mateo 9:35-38: << *Jesús recorría las ciudades y los pueblos de la región enseñando en las sinagogas, predicando las buenas nuevas del reino y sanando a las gentes de sus enfermedades y dolencias, y al ver las multitudes, sintió compasión por ellas, porque eran como ovejas desamparadas y dispersas que no tienen pastor. >>!* La compasión es una experiencia que nace de la capacidad de amar! ¡La compasión no es una opción sino un mandato! ¡La compasión es una combinación de amor y sacrificio! La palabra <<*compasión*>> viene del latín <<*CUMPASSIO*>> y del vocablo griego <<*SYMPATHIA*>> palabra compuesta que significa literalmente:<< *SUFRIR JUNTOS.* >>

La compasión es por consiguiente una emoción humana que se manifiesta a partir de la identificación con el sufrimiento de otro ser; y nos afecta tanto que llevamos sobre nosotros, el dolor del otro como si fuera nuestro, de tal manera que nos motiva a tomar decisiones en favor de un semejante, sin calcular el precio y sin pensar en el riesgo que conlleva.

EL BUEN SAMARITANO

La Parábola del Buen Samaritano ilustra con claridad meridiana la manifestación de la misericordia y la compasión en el corazón humano. En esta historia real, Jesús pone de manifiesto, que la compasión debe conducirnos a cumplir con el espíritu de la ley, más que cumplir con la letra de la ley. Los religiosos citados por Jesús, fueron más fieles en cumplir con la ley, que cumplir con la misericordia. Es tiempo que la iglesia de hoy, escudriñe el mensaje del Divino maestro de Galilea, expresado en esta parábola. Cuando leo esta historia, recuerdo lo que el Espíritu Santo me dijo acerca de aquel líder. Esta historia nos dice que un hombre descendía de Jerusalén a Jericó, y en el camino fue asaltado, y cruelmente golpeado, hasta quedar en estado de gravedad. Por aquel camino pasaron un sacerdote y un levita, los dos lo vieron pero continuaron su camino, porque tenían que cumplir con la ley. Para Ellos eran más importantes los ritos y ceremonias del templo que una vida; y se olvidaron del valor de un alma. Qué triste cuando anteponemos el cumplimiento de la ley, al valor de una vida o de una familia! Jesús dice, que un ***inmigrante*** de Samaria que pasaba por aquel lugar, fue movido a misericordia y un espíritu de compasión lleno su corazón de

Tal manera que se olvidó de todos los prejuicios raciales y religiosos y, sin medir las consecuencias, se acercó al enfermo, vendó sus heridas, lo puso en su cabalgadura y lo llevó a un lugar seguro sin medir el precio que tenía que pagar.

Se olvidó de sus negocios y se quedó con él hasta que se encontraba fuera de peligro, y antes de salir hizo los arreglos necesarios para asegurarse de que nada le faltara en su ausencia. Su compasión fue tan grande que lo adoptó como parte suya. Cuando habló con el propietario del Mesón donde lo había llevado, utilizó la palabra ¡CUÍDAMELE!, no dijo cuídalo. Al decir cuídamele estaba diciendo ¡es parte mía!, ¡estoy sufriendo con él!, ¡Estoy identificado con él! y si gasta algo demás, yo te lo pagaré cuando regrese. Jesús le dice claramente al intérprete de la Ley. Quiero decirte que aquel que hizo todo esto, era un inmigrante Samaritano, y concluye diciendo.

<< *¡Ve tú y haz lo mismo!*>> Es como si el maestro le dijera << *ve y usa la misma ternura y misericordia que brotaron de las entrañas de aquel bondadoso hombre de samaria.* >>

Es cierto que hay leyes que cumplir, pero debemos declarar ante todo y ante todos, cual es el espíritu de esas leyes, y promover la aplicación de ese espíritu, contenido en todas las leyes del mundo, cuando se tienen que aplicar en el tratamiento con seres humanos, y como representantes de Cristo denunciar a voz en cuello, los abusos que se comenten contra nuestros hermanos y gritar que ninguna ley puede estar por encima de los derechos inalienables de todo ser humano; ***y que ningún estado o nación tiene más valor que una vida.***

¡Jesús dijo que un alma vale más que todo el oro del mundo! ! La iglesia tiene que valorizar al ser humano tal como Dios lo valoriza! En el mensaje contenido en Isaías 43:1-7. Encontramos el gran precio con el cual Dios ha marcado una vida.

EL VALOR DE UNA VIDA

En el mensaje contenido en Isaías 43:1-7. Encontramos el gran precio con el cual Dios ha marcado una vida.

> *"Ahora, así dice Jehová, Creador tuyo, Jacob y Formador tuyo, Israel: No temas, porque Yo te redimí; te puse nombre, mío eres tú. Cuando pases por las aguas, yo estaré contigo; y si por los ríos, no te anegaran. Cuando pases por el fuego, no te quemarás ni la llama ardera en ti. Porque yo, Jehová, Dios tuyo, el Santo de Israel, soy tu Salvador; a Egipto he dado por tu rescate, a Etiopia y a Seba por ti. Porque a mis ojos eres de gran estima, eres honorable y yo te he amado; daré, pues, hombres a cambio de ti y naciones a cambio de tu vida. No temas, porque yo estoy contigo; del oriente traeré tu descendencia y del occidente te recogeré. Diré al norte ¡Da acá! Y al sur: "no los retengas; trae de lejos*

a mis hijos, y a mis hijas de los confines de la tierra, a todos los llamados de mi nombre, que para gloria mía los he creado, los formé y los hice"

Dios está diciendo, que un ser humano para Él, es más importante, que una ley, que un país y más que todas las naciones civilizadas juntas. Hoy más que nunca las palabras de Jesús ¡VE Y HAZ TU LO MISMO! Deben llegar como punta de lanza al corazón de la iglesia, para que el pueblo de Dios entienda, cual es el espíritu de toda ley, sea humana o Divina.

EL ESPIRITU DE LA LEY

Cuando nos referimos al espíritu de la ley, estamos hablando del fundamento y finalidad de una ley, aunque no esté escrito. Toda ley posee una letra que se entiende por lo que está escrito, pero también toda ley posee un espíritu. A ese espíritu se le reconoce en la intención o el motivo que lleva al legislador a dictar la ley. El espíritu de la ley se posiciona dentro de aquellos que la conocen y tienen que aplicarla para desarrollar aquello para lo que la ley fue hecha.

Toda ley busca el bienestar social de la humanidad o sea, el hombre es el centro de la ley, y entendemos que las leyes son necesarias para regular la conducta y no para herir el corazón del hombre. Desde el punto de vista Divino, la ley tiene un espíritu diferente, y es el de beneficiar al ser humano. Jehová estableció dos tipos de leyes diferentes. Estableció leyes naturales y leyes humanas o espirituales.

Desde la creación, Dios sometió el universo a ciertas leyes naturales para preservar la vida del hombre, su obra más especial- hecha a su imagen y semejanza- y cuando Él ha tenido que modificar momentáneamente una ley, siempre lo ha hecho. ¡Solamente por causa del hombre!

En el libro de Josué capítulo 10: 12-15 dice: <<*Mientras los hombres de Israel estaban persiguiendo y arrasando al enemigo, Josué dio una orden en el nombre del Señor:*

> *"Sol, detente sobre Gabaón y, tu Luna, permanece quieta en el valle de A jalón"*
>
> *Y el sol y la luna no se movieron hasta que los Israelitas acabaron de destruir a sus enemigos.* >>

Esto está escrito con gran detalle en el libro de Josué. El sol se detuvo en los cielos y permaneció quieto casi veinticuatro horas. No hubo un día como aquel, ni antes ni después de él, en que Jehová haya obedecido a la voz de un hombre, porque Jehová peleaba por Israel.

En el evangelio de Marcos capitulo 2:23-28, encontramos a Nuestro Señor Jesucristo, estableciendo una verdad maravillosa, de que, la realización de la vida de un ser humano es más importante que el establecimiento de una ley.

> <<*Sucedió un día de reposo, que Jesús y sus discípulos pasaban por unos trigales, y los discípulos tenían hambre y se pusieron a arrancar espigas. Entonces los fariseos le preguntaron a Jesús: ¿Por qué hacen ellos lo que está prohibido hacer el día de reposo y violando de esta manera la ley del sábado? Jesús les respondió: ¿Nunca han leído lo que hizo el Rey David una vez que él y sus compañeros tuvieron hambre?*>>

Cuando Abiatar era el sumo sacerdote, David entró en la casa de Dios y comió de los panes consagrados a Dios, que solo los sacerdotes podían comer. Y no solo comió él, sino que también dio a sus compañeros. El sábado se hizo para el ser humano y no el ser humano para el sábado. Por eso, el Hijo del hombre es Señor incluso del sábado.

El ambiente farisaico en el cual Jesús desplegó su ministerio, exigía un discurso desafiante que hiciera abrir los rollos escondidos de la Ley y provocar que fueran leídos y aplicados correctamente.

Un mensaje que chocara de frente con las barreras de las interpretaciones torcidas de la ley y encendiera la luz de la esperanza para todos.

SED IMITADORES DE MÍ

Ese discurso tiene que surcar los aires de América y los confines de la tierra, y como punta de lanza llegar hasta los organismos legales, exigiéndoles que tomen decisiones adecuadas para beneficio de los desposeídos.

El apóstol Pablo dijo: *<<Sed imitadores de mí, como también yo lo soy de Cristo>>*

Aquí el santo apóstol está exhortando a todos los seguidores de Cristo, a ser verdaderos imitadores de su mensaje desafiante; habiendo recibido la palabra, quizás en medio de mucha tribulación como la que vivimos en estos días en todo el mundo.

Yo estoy seguro, que usted, como representante o embajador del reino de los cielos, se ha encontrado en una situación, donde para tomar una decisión adecuada e impulsada por una conciencia cristiana, ha tenido que crear un puente para cruzar el abismo de algunas leyes o normas establecidas. Un momento, en que la aplicación de las leyes humanas va a chocar de frente con la práctica de la justicia social, a fin de suplir una necesidad real, es en esos momentos, cuando una situación personal o familiar demanda la actuación de los siervos de Dios, o de la institución que representa al Dios de amor y justicia. ¡Es en ese momento!- donde las palabras del apóstol se repiten cual un eco. <<***Sean imitadores de mí, como también yo lo soy de Cristo***. >> Es en ese momento! Donde tenemos que tomar la báscula de la conciencia Cristiana, para balancear el peso de la ley, la justicia y la gracia y ver cual pesa más, cuando se pone al lado de la importancia de un ser humano.

Hoy más que nunca, tenemos frente a nosotros una inmensa dimensión de oportunidades para imitar a Cristo y actuar valientemente en defensa de la gran comunidad de inmigrantes en el mundo. Pero los puntos de acción están en extremos diferentes, y en muchas ocasiones, parecen irreconciliables, y como se hace difícil la reconciliación de los poderes, las posibilidades se neutralizan,

El punto conciliador tiene que ser la valorización de una vida; porque al conceptuar el valor de una vida por encima de todo valor temporal, esto te impulsara a desafiar las normas egocéntricas disfrazadas de leyes, a fin de redimir el dolor de los oprimidos, por aquellos que se han adueñado ilegalmente de lo que legalmente le pertenece a Dios.

La justicia consiste en la constante y firme voluntad de dar a cada individuo lo que le corresponde. "Se cuenta en la ciudad de Phoenix, Arizona, un hispano transitaba, manejando felizmente el pequeño automóvil, con el cual había soñado desde que vivía en su país natal. Cuando se detuvo ante una luz roja, fue impactado en la parte trasera por un vehículo de colección, el cual un padre (Norte Americano- "blanco") le había regalado a su engreído hijo el día de su graduación. Aquel joven a alta velocidad y no pudo detenerse, impactando al hispano y destruyendo la parte trasera del pequeño automóvil. Cuando el policía vino a la escena del accidente y vio los vehículos dijo: <<*!Wao! ¿Y a qué velocidad venía este inmigrante manejando de reversa?*>> De esta manera es como se nos mira y se nos mide, cuando parecemos <<*alien*>> *o* <<*extraterrestres*>>. Es ilegal que los agentes del orden público efectúen detenciones, registros, o expulsiones basados únicamente en la raza, origen nacional, religión, género sexual o etnia de la persona. En algunos estados de la unión americana, ha sido aprobada la ley de que la policía puede colaborar con los agentes de inmigración para arrestar indocumentados. Como resultado de esta ley algunos agentes de la policía están arrestando y llevando a la cárcel a muchas personas, basándose en su apariencia y en su origen étnico o raza. Ellos se olvidan, que la regla de la ley o el imperio de la ley, dentro de un estado de derecho, debe ser preferible, por encima de la regla del individuo. La justicia de la ley, está sobre cualquier otro principio gubernativo y nadie puede ser sancionado indebidamente, puesto que todos somos iguales frente a la ley. He aquí algunos consejos que las iglesias deben compartir con los inmigrantes:

- Acercarse a Dios de todo corazón y establecer una estrecha relación con Él.
- Aprenda ingles básicas.
- Aprenda las reglas de tráfico y sígalas lo mejor que pueda.
- Use el cinturón de seguridad mientras está transitando en un vehículo.
- Ponga sus hijos de seis años o menos en un asiento de seguridad en la parte trasera de su vehículo.
- Obedezca las leyes de tránsito. No maneje a alta velocidad o demasiado despacio. Detenga su vehículo por completo y cuente hasta tres, frente a una señal de parar. Nunca tire basura por la ventana de su vehículo. Nunca ponga el sonido o volumen de la música de su radio demasiado alta.
- Sea respetuoso y amable con el oficial de policía. Si el oficial le dice que salga del auto, haga lo que le dicen.
- Debe darle su nombre al oficial, si lo requiere.
- Si no entiende o no está seguro de lo que va a responder, usted el derecho a permanecer callado. Usted no está obligado a responder ninguna pregunta acerca de su nacionalidad o estatus migratorio. Dígale al oficial que usted quiere hablar solamente con su abogado. Usted no está obligado a hablar con el policía. << I DO NOT WANT TO TALK TO YOU>> (Respetuosamente)
- Si es maltratado por un agente de la policía, anote el número de identificación de la placa del oficial, el nombre o cualquier otra información, que pueda ayudar a identificar a ese policía más luego.
- Si vienen a invadir su casa, los agentes dl orden o los oficiales de inmigración solo pueden registrar su hogar si cuentan con una orden judicial o documentos firmados por un juez, el cual le da permiso a un oficial para entrar a su casa. Esta orden se conoce en inglés como <<WARRANT>>. Antes de abrir la puerta pregunte desde adentro si tienen

una orden judicial <<WARRANT>>. Si le contestan que no la tienen, entonces, no abrir la puerta, ni responda a ninguna pregunta. Solamente diga: <<I DO NOT WANT TO TALK TO YOU>>; <<CALL MY ATTORNEY>> y pásele la información de su abogado por debajo de la puerta.

- Si el agente le dice que si tienen una orden judicial <<WARRANT>>, pídales que se la pasen por debajo de la puerta o que se la muestren por el vidrio de su ventana y asegúrese que su nombre este allí. Abra la puerta y dígale, que todo lo que se debe decir en su caso, está en manos de su abogado. Recuerde, ni una orden judicial, lo puede obligar a responder ninguna pregunta. Usted tiene el derecho constitucional a permanecer callado.
- ¿Qué debería hacer si hay una redada de inmigración en donde trabaja? Si hay alguna redada por parte de los agentes de inmigración en su lugar de trabajo, es posible que usted no tenga claro si puede retirarse del lugar. En cualquier caso, usted tiene el derecho de permanecer en silencio; usted no está en la obligación de responder preguntas sobre su ciudadanía, su condición migratoria ni sobre ninguna otra cosa. Si usted responde preguntas y dice que no es ciudadano estadounidense, se esperará que muestre documentos de inmigración que acrediten su condición migratoria. Si no está en condiciones de mostrar documentación válida de inmigración existen altas probabilidades de que usted sea arrestado. Si intenta huir del lugar, los agentes de inmigración van a suponer que usted está en el país de manera ilegal y es probable que lo arresten. Lo más seguro será continuar realizando su trabajo o preguntar calmadamente si se puede retirar y no contestar ninguna pregunta que desee responder.
- Usted tiene derecho a hablar con un abogado antes de contestar cualquier pregunta de los agentes del orden público o de firmar cualquier documento de inmigración.
- Si es arrestado por una violación a la ley migratoria supuesta o real, usted tiene derecho a una audiencia ante

un juez de inmigración contra cargos de deportación. En la mayoría de los casos, solo un juez de inmigración puede ordenar su deportación. Pero si usted por desconocimiento de sus derechos, renuncia a esos derechos, firmando un documento titulado en ingles: <<STIPULATED REMOVAL ORDER> y es español: <<ORDEN ESTIPULADA DE REMOCION o firma una salida voluntaria aceptando involuntariamente dejar el país usted puede ser deportado sin audiencia. En muchas ocasiones, los agentes de inmigración desconocen o no quieren comunicarle algunas excepciones que pueden ser aplicables a su caso particular. En todas las resoluciones legales existen excepciones que pueden contener algún derecho que tanto usted como el agente de inmigración pueden estar ignorando y que solamente un intérprete de la ley puede conocer y reclamar. Aprenda a decir: <<I NEED MY ATTORNEY>>, traducido es, <<NECESITO MI ABOGADO.>> Recuerde, si por algún motivo es torturado, comuníquele a su abogado de inmediato acerca de la agresión a que fue sometido, es posible que la tortura le abra las puertas a la posibilidad de ganarse el derecho de permanecer en el país.

- Mantenga varias tarjetas de su abogado en diferentes lugares; en el carro, en la billetera, en la casa y algún lugar de su trabajo. Usted tiene el derecho constitucional de hablar con su abogado antes de contestar preguntas, independientemente de si la policía le informa o no de ese derecho. La función del abogado es proteger sus derechos. Una vez que usted exprese su deseo de hablar con un abogado, los oficiales de la policía o de inmigración deben dejar de hacer preguntas. Si continúan hostigándolo, usted sigue teniendo su derecho constitucional de permanecer en silencio.
- No se deje intimidar. Recuerde que todo lo que usted le diga a un agente del orden público de inmigración, podría ser usado en su contra y en contra de otras personas

relacionadas con usted. Ten en cuenta que mentirle a un funcionario del gobierno, constituye un delito, pero mantener silencio hasta que consulte a un abogado, es un derecho y jamás constituye un delito. Es por eso que agentes locales y federales están preparados para intimidarlo y amenazarlo hasta con una citación a fin de obtener la mayor información y poder usarla en su contra.

- Información de contacto recomendada: American Inmigration Law Foundation, <<Fundación americana sobre Ley Migratoria>>http://www.ailf.org. Tel. 202 742-5600
- Conozca sus derechos: Unión Americana de libertades civiles (ACLU) www.aclu.org. 125 Broad Street, 18th Floor. New York. NY 10004. Tel. 1 888 567-2258
- Comisión Estadounidense para los Derechos Civiles:U.S. Commission on Civil Rights (UCCR) http://www.usccr.gov Tel 1 800 552-6843

El establecimiento del Cristianismo, constituyó la activación de un poder sobrenatural, caracterizado por una nueva visión y activación del espíritu de las leyes humanas y las leyes Divinas, incluyendo las leyes que discriminan y maltratan a los inmigrantes. Todas las leyes son útiles, solamente mientras sean un medio para lograr el fin, o sea, el bienestar social y espiritual del ser humano. Jesús clamaba por lo que es justo. Por consiguiente, la iglesia que lo representa visiblemente, debe exigir la justicia social igualitaria, contenida en La Constitución y por sobre todo en la Palabra de Dios.

Orilda Gramajo, era una joven nacida en el bello país de Guatemala. Como lo han hecho millones y millones de personas en todo el globo terráqueo, un día, decidió dejar su tierra atravesar fronteras y llegar al país de las ilusiones, a fin de encontrar una mejor oportunidad de vida, para ella y su familia.

Después de llegar a los Estados Unidos de Norte América y empezar a vivir su sueño; un día descubre que padece una enfermedad terminal producto de una mala práctica médica realizada en su país natal. Estando en la ciudad de Cleveland, Ohio, fue ingresada al hospital comunitario del oeste de la ciudad, y allí, descubrieron que su hígado estaba completamente dañado, y que la única solución sería un trasplante de órgano. Debido a que ese hospital no reunía las condiciones necesarias para realizar este tipo de tratamiento, Orilda fue referida al hospital más grande de la ciudad y uno de los hospitales más famosos de todo el mundo. A ese famoso hospital llegan diariamente de todas partes del planeta; desde presidentes hasta reyes a recibir todo tipo de tratamiento médico. Cualquier tipo de órgano humano que se necesite, ellos tienen los recursos para encontrarlos. Pero al tratarse de una mujer pobre y extranjera, se le dio la triste noticia que no había oportunidad para ella, debido a que era ***indocumentada***. Sí, porque en este país, para algunos, si tú no tienes un número de seguro social que te identifique tú no eres un ser humano. Pero, el problema mayor para ella no era el hecho de ser indocumentada, era el hecho de ser hispana. Mi amigo y compañero pastor Osvaldo, ciudadano norte americano (por haber nacido en Puerto Rico),- para los racista, seguía siendo hispano-estuvo varios años en la lista de espera por un donante de hígado, que fuera compatible con su sistema. Pasaron los años y ese donante no aparecía. Mientras esto sucedía con nuestro amigo y hermano, vimos en la televisión a un famoso jugador de béisbol norte americano y blanco de piel, que necesitaba un trasplante de hígado, y vimos que en menos de tres meses, apareció un donante y se realizó en trasplante. Finalmente, después de mucho tiempo de espera, el pastor arroyo, fue atendido. Pero, ya era demasiado tarde, porque a los pocos días, nuestro querido hermano ¡falleció! Cuando se recibió la noticia de Orilda, no hubo llamado de las iglesias. Pero uno de los abogados más reconocidos de la ciudad, fue movido a misericordia y abrió los libros de la ley, para demostrar, que el hecho de ser indocumentada no era motivo legal para que Orilda, no recibiera el tratamiento adecuado. De acuerdo a la <<***United Network for organ sharing***>>, no es un impedimento para cualquier ciudadano que necesite una donación de órgano, el hecho de ser inmigrante indocumentado. Los seres humanos tienen el derecho a recibir igualdad de tratamiento en todos los niveles. El clamor del abogado llegó el departamento ***legislativo*** de la ciudad; el cual escribió una resolución, firmada por todos sus miembros, y la enviaron al hospital, el cual atemorizado decidió revocar la decisión y admitió a la joven mujer en la clínica, y la incluyeron en la lista de espera para un donante, pero, el lugar en la lista, al parecer era muy alto y la espera muy larga, finalmente, Orilda perdió la batalla con esta terrible enfermedad y falleció, dejando en la orfandad a tres niños. Poco tiempo antes de morir la joven mujer de 31 años de edad y madre de tres niños, con voz débil y sus ojos amarillos por los efectos de la enfermedad, expresaba: << ¡Yo deseo este trasplante con todas las fuerzas de mi corazón! ¡Yo quiero vivir! ¡Yo quiero ver mis hijos crecer!>>. Mientras estoy escribiendo estas líneas, siento una sensación de náuseas y un deseo de vomitar, y esa sensación viene porque vivo a cinco minutos del hospital comunitario y a cinco minutos del hospital local para animales. Si tú encuentras a un perro herido y lo llevas a ese hospital, el perro es atendido con mayor prontitud que una persona indocumentada que sea llevada al otro hospital para seres humanos. ¡Qué triste! Que un perro tenga más valor que un ser humano. Pero, quiero recordar, que así como el profeta Daniel, visualizó, en los últimos tiempos gentes corriendo de un lugar a otro, también el apóstol Pablo, le dijo a Timoteo: <<*También debes saber, Timoteo, que los últimos tiempos serán difíciles. La gente amará solo el dinero y se amará a si misma; será orgullosa, jactanciosa, blasfema, desobediente a sus padres, ingrata e impía. Serán tan duras de corazón que jamás cederán ante los demás; serán mentirosas, inmorales, crueles y opuestas a todo lo que es bueno. Traicionarán a sus amigos; serán iracundas, vanidosas y preferirán los placeres antes que a Dios. Aparentarán ser religiosas pero su conducta desmentirá sus apariencias. ¡No tengas nada que ver con esas gentes!*>>

Así como fue necesaria la voz del departamento legal de la ciudad en el caso de la ciudadana Guatemalteca, también hoy, es necesario la voz de las iglesias, en el mundo, reclamando justicia para todos los millones y millones de inmigrantes.

LA IGLESIA Y SU COMPROMISO SOCIAL

Los cristianos tenemos que someternos a las leyes humanas, siempre que esas leyes no se encuentren en oposición a las leyes Divinas: Esto es lo que plantea el apóstol Pablo en el libro de los Hechos 5:29 cuando dice: <<*Es necesario obedecer a Dios antes que a los hombres*>> Como profetas, siervos y siervas de Dios, nuestro deber principal es obedecerle a Él. La iglesia comprometida con el reino de los cielos, no está llamada a desobedecer, o pedir, la aniquilación de las leyes humanas, pero, cuando las leyes establecidas por cualquier país del mundo, violen o entren en conflicto con la ley de Dios, *"Entonces, tenemos que obedecer a Dios". (Hechos 5:29-31).*

Desde su fundación la iglesia de Jesucristo ha sido comisionada a establecer el reino de Dios en la tierra, por consiguiente, tiene que ser capacitada a fin de que sea implementado un programa efectivo de evangelización y consolidación que pueda conducir al aprovechamiento pleno del actual periodo migratorio que se está experimentando a nivel mundial. El movimiento de personas de un país a otro, sea cual sea el motivo, constituye en gran manera una nueva forma de desafiar a la iglesia, para que reafirme su compromiso, con el establecimiento del reino de Dios en la tierra en todo lo que a la evangelización global concierne. Deuteronomio 24:17-18 <<*No violarás el derecho del inmigrante*>>. Levítico. 19:33-36: Nos dice al forastero lo miraran como uno de ustedes.

<<*No opriman a los inmigrantes o extranjeros que vivan en la tierra de ustedes; no les hagan mal alguno. Deben tratarlos como a uno de ustedes. Ámenlos como a ustedes mismos, porque recuerden que ustedes también fueron extranjeros en Egipto. Yo soy el Señor su Dios. Sean imparciales en los juicios*>>

Deuteronomio 25:5:

> <<*Y tú dirás delante del Señor tu Dios: Mis antepasados fueron emigrantes arameos que fueron*

> *a Egipto en busca de refugio. Eran pocos en número pero en Egipto se convirtieron en una nación poderosa.* >>

En una ocasión un intérprete de la ley se acercó a Jesús y le formuló una pregunta diciendo: <<*Maestro, ¿Cuál es el gran mandamiento contenido en la ley*? La respuesta de Jesús dejo establecido muy claramente, cuál debe ser la conducta de los seguidores de Cristo frente al espíritu de la ley. Jesús le dijo: <<*Amarás al Señor tu Dios con todo tu corazón, y con toda tu alma, y con toda tu mente. Este es el primero y grande mandamiento. Y el segundo es semejante: Amarás a tu prójimo como a ti mismo. De estos dos mandamientos depende toda la ley y los profetas:*>> (Mateo 22:36-40, Lucas 10:27-28.)

Con esta respuesta, Jesús deposita en las manos de los religiosos, las herramientas necesarias para navegar en el rio del espíritu de la ley de Dios y descubrir la gran verdad escondida durante tantos años detrás de la cortina de la interpretación privada. El Divino Maestro dice: <<*Si amamos a Dios, debemos amar a nuestro prójimo.* >>

El apóstol Juan dice: <<*Todo aquel que cree que Jesús es el Cristo, es hijo de Dios y todo el que ama al Padre ama también al Hijo.*>> Si amamos a Dios y cumplimos sus mandatos, es señal de que amamos a los hijos de Dios. Porque el amor de Dios consiste en cumplir sus mandamientos que no son una carga. El espíritu de la ley debe ser el amor. Cuando se trata con los derechos y deberes de los hijos de Dios, ninguna legislación debe estar por encima de la ley de Dios para decidir, que es lo correcto y que es incorrecto.

Los cristianos debemos adoptar un código de conducta, basado en los principios del reino de los cielos, aunque esto provoque persecución. Las puertas de los templos, sinagogas y congregaciones tienen que permanecer abiertas para todos los seres humanos, creados a imagen y semejanza de Dios. Por eso es necesario crear conciencia a fin de que la iglesia de este tiempo, emprenda el camino que fue abierto en el calvario. ¡EL CAMINO DE LA REDENCIÓN INTEGRAL DEL HOMBRE Y LA MUJER!

DE EGIPTO LLAME A MI HIJO

"JESÚS DESCENDIÓ DE INMIGRANTES Y SE HIZO EMIGRANTE PARA REDIMIR EL DOLOR DE LOS INMIGRANTES"

Jesús fue un migrante: Mateo 2:13.

> *<<Cuando los visitantes ya habían partido, un ángel del Señor se le apareció a José: "Levántate y huye a Egipto con el niño y su madre, y quédate allá hasta que yo te avise, porque el rey Herodes va a buscar al niño para matarlo". Aquella misma noche huyó José con María y el niño hacia Egipto, donde habían de permanecer hasta la muerte del rey Herodes. Así que se cumplió lo que había predicho el Señor por medio del profeta: "De Egipto llamé a mi hijo">>.*

Jesús inició su vida en esta tierra siendo un emigrante. Cuando tenía pocos días de haber nacido, tuvo que emigrar para refugiarse en Egipto, debido a que Herodes dicto una orden malvada, con la intención de eliminar a todos los niños menores de 2 años y así eliminar al Mesías que había nacido y que estaba destinado a ser Rey.

Jesús, siendo rico se hizo pobre por nosotros, también siendo dueño y creador de toda la tierra y su plenitud, se hizo inmigrante, para sufrir como refugiado y así poder entender y compadecerse de todos los emigrantes.

EL MISMO ESPÍRITU QUE DOMINO A HERODES, PARA CREER QUE AQUEL HUMILDE NIÑO NACIÓ PARA DESPLAZARLO DE SU REINADO; ES EL MISMO ESPÍRITU QUE VEMOS HOY DOMINANDO EL CORAZÓN DE LOS CIUDADANOS DE MUCHAS NACIONES PODEROSAS, QUE PIENSAN QUE LOS INMIGRANTES LLEGAN PARA DESPLAZARLOS DE SUS TIERRAS Y SUS POSESIONES, Y POR LO TANTO, QUIEREN ELIMINARLOS FÍSICAMENTE, EXPULSÁNDOLOS Y SEPARÁNDOLOS CRUELMENTE DE SUS FAMILIAS.

Por lo tanto, es necesario tornar nuestra mirada a la Palabra de Dios a fin establecer un código de conducta que nos lleve a vivir en armonía con todos los seres humanos. Todos debemos llegar al pleno conocimiento, de la familiaridad que existe entre las distintas razas y lenguas, para así poder vivir en armonía como hermanos y hermanas, creados a imagen y semejanza de Dios.

CAPITULO 2

LAS LEYES MIGRATORIAS

> *<<Todas las leyes que se dictan tienen por base la desconfianza; ninguna descansa en la virtud de los ciudadanos. >>*
>
> **Edouard René Lefebvre de Laboulaye**

DESDE EL PRINCIPIO

Desde el principio mismo de la humanidad, Dios estableció leyes migratorias fundamentadas en el amor. Desde el comienzo de la inspiración bíblica, la ley de Dios no ha desestimado la situación migratoria. En el libro de Levíticos Cap. 19:33 la biblia dice:

> ***<<No opriman a los extranjeros que vivan en la tierra de ustedes; no les hagan mal alguno. Deben tratarlos como a uno de ustedes. Ámenlos como a ustedes mismos, porque recuerden que ustedes también fueron extranjeros en Egipto. Yo el Señor su Dios. Lo ordeno>>***

Deuteronomio 10:17-19

> ***<<El señor tu Dios es Dios de dioses y Señor de señores. Él es grande y poderoso Dios, temible; que no es parcial y no acepta soborno. Que hace justicia a los huérfanos y a las viudas; que ama al exiliado y le da alimento y vestido. Recuerda que debes amar a los exiliados porque fuiste exiliado en Egipto>>***

En la Tercera Carta del anciano apóstol San Juan, dirigida a un anciano muy amado llamado Gayo, en el verso 5 el apóstol le dice: *<<Amado hermano, haces muy bien al ayudar a los hermanos y en especial a los que llegan de otras tierras. Ellos han hablado delante de la iglesia de tu amor. Me agradaría que los ayudase a seguir adelante, como Dios manda>>*

Toda persona que no pueda encontrar el sustento para su familia en su lugar de origen, tiene el derecho de buscar ese sustento en otro lugar del planeta. Por tanto, las naciones que han alcanzado un mayor nivel de desarrollo, tienen que entender que no están solas en el universo y que no son los dueños absolutos de esos recursos, ya que no fueron ellos los creadores, sino que son poseedores y administradores temporales de bienes que tienen un creador y dueño que se llama Jehová. Esos recursos que Dios les ha permitido administrar, les compelen a compartirlos con los demás.

La declaración Universal- DERECHOS HUMANOS

El 10 de diciembre de 1948, La Asamblea General de las naciones unidas aprobó y proclamó la declaración universal de los derechos humanos, los cuales deben ser observados por los países miembros de dicha organización. Esta declaración contiene algunos artículos que deben ser leídos e implementados en muchos países:

Artículo 1: Todos los seres humanos nacen libres e iguales en dignidad y derechos y, dotados como están de razón y conciencia, deben comportarse fraternalmente los unos con los otros.

Artículo 2: Toda persona tiene todos los derechos y libertades proclamados en esta declaración, sin distinción alguna de raza, color, sexo, idioma, religión, origen nacional o social.

Artículo 3: Todo individuo tiene derecho a la vida, a la libertad y a la seguridad de su persona.

Artículo 5: Nadie será sometido a torturas ni a penas o tratos crueles, inhumanos o degradantes.

Artículo 7: Todos son iguales ante la ley y tienen, sin distinción, a igual protección de la ley. Todos tienen derecho a igual protección contra toda discriminación que infrinja esta declaración y contra toda provocación a tal declaración.

Artículo 9: Nadie podrá ser arbitrariamente detenido, preso ni desterrado.

Artículo 13: Toda persona tiene derecho a circular libremente y a elegir su residencia en el territorio de un estado. Toda persona tiene derecho a salir de cualquier país, incluso del propio, y a regresar a su país.

Artículo 15: A nadie se privara arbitrariamente de su nacionalidad ni del derecho a cambiar de nacionalidad.

Artículo 23: Toda persona tiene derecho al trabajo, a la libre elección de su trabajo, a condiciones equitativas y satisfactorias de trabajo y a la protección contra el desempleo.

Artículo 28: Toda persona tiene derecho a que se establezca un orden social e internacional en el que los derechos y libertades proclamados en esta declaración se hagan plenamente efectivos.

Pero a pesar de todo lo que se ha declarado y se ha hablado para que el espíritu de la ley sea activado y produzca cambios en las relaciones humanas, la gente sigue haciendo la misma pregunta que le hiciera aquel hombre a Jesús. << ¿Quién es mi prójimo? >>

CAPITULO 3

EL PRECIO DE LA EMIGRACIÓN

Desde la primera vez que una persona se encontró con la necesidad de tomar el camino que le conduciría a una nueva tierra, el precio a pagar ha sido muy alto. Desde el más famoso deportista hasta el más humilde trabajador del campo, han tenido que pagar el alto precio de la emigración. No hay nada más parecido a la muerte, que ese momento, cuando hay que dar por obligación el beso o el abrazo de despedida, sin saber si es el último. ¡Cuántos sentimientos encontrados! ¡Cuánto dolor dibujado en el rostro de la abuelita! Diciendo sin palabras, solo con su mirada ¡Esta es la última vez que te veré! Que sabor tan indescriptible dejan sus palabras al recordarte, todo lo que te ha enseñado y que deberás atarlo a tu cuello, para que se convierta en tu dulce compañía en el salto al vacío que vas a realizar. Esas caritas tiernas y esos ojitos brillosos de los niños que inocentemente piensan que el viaje será corto y que se consuelan al escuchar la ¡mentira piadosa!, de que muy pronto papi y mami volverán para traerle una muñequita o la pelota nueva que tanto ha soñado con tener. Esa última noche, los enamorados inventan mil formas para despedirse, los abrazos y los besos apasionados parecen eternos, traspasando el tiempo y el espacio. Porque muy pronto la soledad y la nostalgia serán su fiel compañía, para aquel que se va y para aquel que se queda. Sin lugar a dudas que el precio más alto de la emigración, es la separación: Dejar tu tierra, tu familia, tus amigos, las costumbres y el sabor de la cocina criolla.

¡!En tierra extraña!!

¡Mis hermanos y amigos! ¡En tierra extraña, nada sabe igual! ¡Aun la comida, aunque sea abundante, en tierra extraña, no sabe igual!

En el Salmo 137, el salmista describe con tristeza la nostalgia que se vive en tierra extraña. Ante un cuadro infeliz, dibujado de carencias e impotencia, el vacío y dolor son tan grandes que desaparece del alma hasta el deseo de cantar los cánticos al creador. Los exiliados decían: << *¿Cómo cantaremos los cánticos del Señor en tierra extraña?*>> Durante esas noches amargas y de nostalgia, después de un día de trabajo en un ambiente de discriminación y menosprecio, después cruzar en medio de una multitud que te mira como un extraterrestre y al llegar al humilde hogar donde vives, te traslada mentalmente al hermoso lugar donde tuviste tu entrada triunfal al mundo de los vivientes y empiezas a escuchar el ¡trinar de las aves! Y el canto del riachuelo donde solías nadar libremente-¡cual los peces!- y donde jugabas con tus amigos y mirabas a las amigas, diciéndoles tantas cosas en silencio. Cuando sientes en tu paladar, el sabor de la desigualdad- ¡es ahí! donde se pierde el deseo de cantar, donde el tocar la guitarra no tiene sentido, porque tus seres queridos no la pueden escuchar. Es en ese momento cuando la mano de Dios, la voz de Dios, la caricia del padre de amor y comprensión, tienen que activarse a través de sus embajadores localizados en las diferentes congregaciones cristianas en todo el mundo. ¡Una voz que te susurre al oído dulcemente! Aquí hay una iglesia que te abre las puertas. Tú no has llegado al valle de la soledad. ¡Tú tienes una familia universal, portadora del amor de tu padre celestial!

Como inmigrante, y descendiente de una familia de inmigrantes, abro mi corazón para decirte, que el dolor de vivir en tierra extraña, no se trata de legalidad o ilegalidad. Ese dolor tan grande, es el producto de un vacío existencial, que no se llena con un pasaporte, con una tarjeta de residencia o con un permiso temporal. Es un vacío que solo puede llenarlo la presencia del Espíritu Santo, y el encuentro con una nueva familia que te haga sentir como en tu propia tierra, te sustente y apoye espiritualmente y emocionalmente, con vestido, alimento y un techo, en el proceso de adaptación, creando un ambiente de afecto fraternal en el cual no pierdas tu identidad como hijo o hija de Dios en cualquier situación y en cualquier parte del planeta. Una iglesia que manifiesta con su amor y su apoyo, que tú tienes la ciudadanía universal.

REBECA VELASQUEZ

La reconocida cantante de la música sacra y ungida sierva del Altísimo, Rebeca Velásquez, quien recientemente sufrió la amarga experiencia de atravesar el camino de la emigración forzada, describe su experiencia de esta manera:

"4 de junio del año 2012 como podre olvidar el día, la hora, hasta la ropa que llevábamos puestos todos los miembros de mi familia, era martes, y por más que había intentado conciliar el sueño el día anterior, no había podido, sabía que el momento se acercaba, que el reloj no daría marcha atrás y aquello que poco a poco se había pospuesto por diferentes razones, ya era una realidad impostergable. A mis 39 años de vida por primera vez, era una dolorosa realidad, salía de la tierra que vio nacer, el lugar donde me crié, donde estudié, donde me desarrollé, en la iglesia; donde estaban y vivían todos mis hermanos, mi padre anciano, la mujer que me ayudó a crecer, ¡mi amada Petra!. El lugar donde nacieron mis dos niñas: Ariana y Ana; y en donde se habían criado mis tres hijos: Luis Andrés, Ariana y Ana Victoria. Pero, más complejo que eso, el lugar donde había nacido yo.

La tierra que conozco como la palma de mis manos. La tierra donde yacen los restos de mi madre; donde enterré a mí amada tía Cari y también a mis abuelos; donde encontré el principio de muchas cosas y entendía que encontraría el final de muchas cosas: Puerto Rico.

Era simple y sencillamente mi zona de comodidad. Al mirar atrás ahora, y tratar de reorganizar mis memorias, recuerdo que este viaje había comenzado un año atrás, día que mi esposo movido por una situación económica había decidido salirse antes de esa "zona" y había emprendido por amor a nosotros una aventura que le ha costado mucho más que a todos nosotros. El año escolar de 2011 había dejado sobre todo el cansancio mental y físico de habernos enfrentado a la dura realidad de que Freddy no estaba con nosotros, si no, que estaba ya a mitad del camino que ese 4 de junio yo comenzaría a caminar. Desde muy niña Estado Unidos me era un lugar muy familiar ya que mis padres por razones de ministerio y trabajo, todos los mayos de mi vida, levantaban vuelo con sus hijos, en el libro de mis recuerdos tengo clarísimo aquellos viajes, siempre estábamos todos felices, locos por otro verano más que nos ofrecía la ciudad de New York, y si, debo reconocer que la capital del mundo me fascinaba y me fascinará pero de ahí a vivir había un puente mental en mí, más grande que el famoso Washington Bridge (puente Washington). Además de New York, había visitado como muchos hermanos puertorriqueños, Orlando, Miami y otras ciudades; de hecho, ese día que me toco partir de mi Isla por razones de mi propio ministerio, había estado dentro de los Estados Unidos y me lo volvía a encontrar precioso pero de ahí a yo vivir....

Y aquí estaba este avión ganando pies de altura. ¡Qué increíble! Mientras el avión subía, yo sentía que bajaba al nivel más bajo de mis temores, de mi tristeza, de mis corajes, de mis ansiedades. ¡Sí! Porque de todo eso nos da cuando tienes que salir de tu país. En Puerto Rico dejaba a mis queridos vecinos, esos que en navidad, nos tocaban la puerta, entraban y dejaban arroz con gandules, porque yo les preparaba tembleque. Dejaba la carnicería, que desde niña visité, sin darme cuenta dejaba a un grupo de gente, que por años se había convertido en mi rutina. En parte de mi vida. Nunca olvidare la cara de la muchacha de la lavandería, el día que le dije que nos íbamos, me preguntó por todos, o sea, sabía cómo se llamaban cada uno de mis hijos. Eran muchos de sus problemas personales que había compartido conmigo, y eso, fuera de mi islita no se da. Tampoco me olvidaré, los días en los que preparaba las maletas para irnos, de momento todo se volvió importante para llevármelo. Una noche lloré y le preguntaba, al espejo, a Freddy, a Dios, ¿Cómo rayos podré resumir en 50 libras y una maleta de manos 39 años de mi vida? ¡Imposible!. ¡Como lloré! Cuando observé a mi hija adolescente, tratar de recoger sus pertenencias para volver a empezar. ¡Cómo me dolía! Saber que todos teníamos mucho miedo, y para poder ayudarlos, solo podía hacerlo en una forma: Tragarme mi propio proceso, y poner la mejor cara para ellos.

Siempre había descrito los Estados Unidos como la sala del mundo. Es de todos y no es de nadie. Es el lugar de temporada del mundo. Es frio en verano, porque todos nos sentimos, en realidad, suspendidos en el tiempo.

No es que no piense que hay muchas cosas aquí que son buenas y que las desearía en Puerto Rico. Pero, qué alto es el precio de la oportunidad, cuando se está lejos de los nuestros. Demás está decir que todo el resto del mes de junio, lloramos todos, pero, yo lloré más que todos y escondida de todos, excepto de Dios. Sus ojos sé que me contemplan. Los próximos días de julio, comenzó a venir a mi corazón, constantemente, la historia de Abraham, <<deja tu tierra y tu parentela>>. Era una oración de esa historia, que me despertaba en las mañanas, y creo que fue el punto de partida, desde donde Dios comenzó a ministrarme, no se le dio detalles a Abraham de todo cuanto se trataba el propósito de Dios para con su vida, así que, la confianza en Dios, fue lo primero que el Espíritu Santo me hizo entender que Dios necesitaba de mí para esta nueva temporada. La historia tiene más capítulos y sé que con el tiempo se añadirán más y más. Todavía hay cosas que no puedo explicar, pero hay varias cosas que si se. Obedecer a Dios siempre será la mejor opción. Dentro del proceso de transición, que es difícil, y dentro de cualquier proceso, la gracia de Dios, será suficiente para ayudarnos. El día que pensé que me moría, ¡no me morí! ¡Nada!. Su fortaleza se hizo real en mí. Lo que no me mató, me hizo más fuerte, tan pronto dispuse mi corazón a vivir mi nueva temporada. Los oasis refrescantes se han ido abriendo para mí. En este lugar, que no tengo duda, es la tierra de muchas oportunidades. Comencé a estudiar teología, que era uno de mis sueños más anhelados y de hecho, siento que es una de las razones por las que Dios me trajo aquí.

Mis nenas se abren camino académicamente. Luis regresó a la isla, porque solo le quedaba el último y más significativo año de escuela superior, pero aun, eso lo veo como una nueva oportunidad de Dios, para los dos: a Él para crecer, y a mí para confiar en mi buen Dios. A ti que estas en los Estados Unidos, por las razones que sean, solo puedo animarte, diciéndote, que por primera vez puedo entenderte. Se, que te debe hacer mucha falta, hasta lo más malo de tu país, tu comida, tus olores, tu gente, tu idioma, tus costumbres, y tu política. Me imagino que has derramado muchas lágrimas y hasta puede que hayas llegado a perder toda esperanza. Pero, hoy te animo en el nombre de Jesús, amigo o amiga. ¡De verdad! La gracia de Dios, me ha sido, es, y será, más que suficiente y ésta no depende, ni está sujeta a puntos geográficos. ¡Te abrazo!, ¡te animo y te bendigo, en nombre del Dios que mudo a Abraham, a José, a Noemí, y todo porque con todos tenía un gran plan y propósito! Que sé, será más grande que los míos........Rebeca".

Este es un retrato viviente que describe el sentir de todo emigrante, no es presentado por una persona que ha dado un salto al vacío, sin tener en sus manos la documentación necesaria para cruzar la frontera de una nación a otra, sino, de una persona-ciudadana por nacimiento- de esa nueva tierra, donde por circunstancias familiares ha tenido que establecer su estancia temporal. En este cuadro, se plasma el dolor que siente un corazón, cuando tiene que palpitar lejos de la tierra que escucho su primer latido.

La gente que emigra en estos días en la búsqueda de mejores condiciones de vida y la sobrevivencia de su familia, está viviendo una situación muy desesperada. No solamente por la carencia de una documentación adecuada que le permita vivir sin ser perseguido, sino que existe un hostigamiento que está por encima de la persecución de los inspectores de inmigración, y es, el martirio de la soledad, el vacío existencial, la adaptación al medio, el nuevo idioma y los elementos culturales los cuales crean un desajuste emocional tan grande que afecta aun la propia identidad y la auto-estima.

Cuando el inmigrante trata de ser aceptado en una nueva sociedad y lo único que recibe es el rechazo de la mayoría, simplemente por su color, apariencia física y su acento idiomático, y ***sobre todo la persecución de las autoridades policiales y migratorias*** que conducen a muchos a vivir en la sombra. Pero en medio de esta triste experiencia, la cual provoca una situación de desamparo, desarraigo y nostalgia, que cuesta mucho trabajo superarla, Jesús, el Divino compañero del camino te dice: <<*No temas pues yo estoy contigo, no te desanimes, ni desmayes, porque yo soy tu Dios que te esfuerzo; siempre te ayudaré, siempre te sostendré, con la diestra de mi justicia.* >>

No importa cual haya sido el motivo de tu situación migratoria, tu Divino compañero del camino, se hizo inmigrante, para poder ayudarte, entenderte, animarte y acompañarte, cubriéndote con su gracia; y su manto de gracia sobre ti, confundirá a tus opresores que te persiguen, cual leones detrás de su presa.

CAPITULO 4

EL PORQUE DE LA EMIGRACIÓN

Nuestro Dios es grande y maravilloso; todo lo que hace es para manifestar su gloria y su majestad. El salmista, el rey David, el dulce cantor de Israel dice:

<<Los cielos proclaman la gloria de Dios y el firmamento anuncia la obra de sus manos. >> (Salmos 19:1).

Toda la creación fue diseñada bajo un plan Divino. La biblia establece en Génesis 1:25, que todo lo que Dios creó <<*era bueno en gran manera*>>; es decir que toda la tierra es buena y cuando Dios creó al hombre y a la mujer, les dio la autoridad y el derecho de llenar la tierra y disfrutarla dentro del plan diseñado por el Divino arquitecto de la tierra y el universo. Dentro de ese plan perfecto, la humanidad viviría en paz, multiplicándose y llenando la tierra, en armonía y sin división territorial. Al labrar la tierra bajo el orden de Dios, el huerto iría creciendo a medida que crecía la familia. Por tanto, la migración no estaba en el plan original, sino la multiplicación espontánea y sin limitaciones. Por consiguiente, los grandes terratenientes y las diferentes divisiones territoriales, no se encontraban en el plan original.

LA PRIMERA emigración

La entrada del pecado a la humanidad, creo un abismo de separación entre Dios y el hombre y la gran batalla del hombre contra el hombre, generó todo el sistema de confusión y dolor que vivimos hasta hoy. Como castigo por la desobediencia al mandato Divino, el hombre tiene que *EMIGRAR* por primera vez. La tierra fue maldita, la familia fue dividida y la tierra pasó a ser un instrumento del egoísmo del hombre y la mujer. La descendencia de Adán y Eva empezó a adueñarse de porciones de terreno, declarándolos como su heredad. Teniendo que abandonar el plan original, el hombre crea su propio sistema, basado en la ambición y el derecho a la propiedad territorial. El instinto de supervivencia hace que el ser humano empiece a EMIGRAR y a escoger el mejor lugar para edificar su HÁBITAT FAMILIAR sin pensar en los demás. Es decir, que la vorágine migratoria o el encadenamiento de sucesos confusos que crean tanto dolor no son algo perteneciente a la modernidad, sino que se originó como consecuencia del pecado. Por eso Cristo tuvo que venir a la tierra para redimirla de todo el dolor, y devolverle al ser humano, todo lo que el enemigo le ha robado, quitado y usurpado desde el principio.

DIOS Creó LA TIERRA, NO LOS PAISES

La división territorial está enmarcada por una línea muy fina, formada por lazos de legalidad e ilegalidad. El ser humano no es dueño de la tierra, de acuerdo a la palabra de Dios, el ser humano es solo un administrador de la creación. La biblia dice:

<<De Jehová es la tierra y su plenitud, el mundo y los que en el habitan, porque, él la fundo sobre los mares y la afirmo sobre los ríos. >> (Salmos 24:1-2.). En el libro de Levítico capítulo 25:23, Jehová hizo la siguiente reclamación: *<<Recuerden, la tierra es mía, de modo que no pueden negociarla definitivamente. Ustedes son solamente arrendatarios y tendrán la tierra a su cargo. >>*

El origen de las diferentes familias, razas, pueblos, países, naciones y continentes no surgió por necesidad, sino por la ambición que habita en el corazón del hombre y la mujer, y, al estar en contra de lo ordenado por el Supremo creador y dueño de todo lo que hay, sea visible o invisible, es por consiguiente, que el proceso migratorio está acompañado de tanto dolor y sufrimiento. Cuando el hombre y la mujer fueron creados, ya el hábitat original había sido diseñado por el Espíritu de Dios, el cual se movía sobre la faz de las aguas y Él mismo creó y organizó perfectamente, todas las cosas necesarias para vivir feliz en una sola familia sin tener que dividirse. En el libro de Génesis 1: 1-2 dice: *<<En el principio creó Dios los cielos y la tierra y la tierra estaba desordenada y vacía, las tinieblas estaban sobre la faz del abismo y el Espíritu de Dios se movía sobre la faz de las aguas. >>*

Algo muy importante es lo que dice el libro de Génesis 2:15: *<<Tomó, pues, Jehová Dios al hombre y lo puso en el huerto de Edén, para que lo labrara y lo cuidara. >>*

El proceso de multiplicación dentro de un solo sistema, sería la forma mediante la cual la tierra fuese llenada y sometida por el hombre y sus generaciones.

Génesis 1:27 Dice:

> *<<De modo que Dios creó a los seres humanos a su imagen. Sí, a su imagen Dios los creó. Y Dios los creó hombre y mujer. Luego Dios los bendijo y les dijo: Tengan muchos hijos, para que llenen toda la tierra, y la administren. Ustedes dominarán a los peces del mar, a las aves del cielo, y a todos los animales que hay en la tierra. También les dijo: Ustedes se alimentarán de toda planta que se reproduzca por medio de semillas, y de todos los árboles frutales. Las bestias del campo, las aves del cielo, y todos los seres vivos que se arrastran sobre la tierra se alimentaran de vegetales. Entonces Dios contempló todo lo que había hecho, y vio que era muy, pero muy hermoso>>*

La serpiente antigua solo necesitaba una pequeña puerta para entrar en el corazón del hombre, el cual era la gloria de todo lo creado y una vez que dominara al hombre y a la mujer, dominaría al mayordomo del sistema y así destruiría el plan diseñado por Dios. Después que el primer hombre y la primera mujer pecaron, Dios decretó una sentencia que solo sería anulada con la intervención de un nuevo y segundo Adán, el cual sería perfecto para que la voluntad de Dios fuera perfeccionada y prosperada en Él. Génesis 3:14-15 Dice:

> *<<Entonces Dios el Señor le dijo a la serpiente: Por haber hecho esto, te maldeciré. Serás la más desdichada de todos los animales, incluyendo los domésticos y los salvajes. A partir de este momento andarás arrastrándote sobre tu vientre y comerás polvo durante toda tu vida. Habrá siempre enemistad entre ti y la mujer, y tu descendencia y la de Ella. El descendiente de la mujer te aplastara la cabeza, mientras que tú solamente le morderás el talón. >>*

El decreto Divino, establecería un cambio en todo el sistema original. Veamos:

1. Cambios en el proceso de la procreación y el nacimiento: *<<Luego Dios le dijo a la mujer: Haré que sufras bastante durante tus embarazos y que al tener tus hijos sientas mucho dolor. >>* (Génesis 3:16).

2. Cambios en la tierra: *<<Después Dios le dijo al hombre: La tierra estará bajo maldición por tu culpa, pues le hiciste caso a la mujer y comiste del fruto que te prohibí. Por eso, de aquí en adelante tendrás que trabajar muy duro para conseguir tu alimento. >>* (Génesis 3:17).

3. Cambios en la flora y la fauna: <<*La tierra te producirá espinas y cardos, tendrás que comer plantas silvestres.* >> (Génesis 3:18).

4. Cambios en el sistema de trabajo: Génesis 3:19.

5. Cambios en la relación familiar: Génesis 4:1-8.

6. Cambios en la posición territorial: <<*Para obtener tu alimento tendrás que trabajar mucho, hasta el día de tu muerte; ese día volverás a la tierra de la cual fuiste hecho, pues eres polvo y al polvo tendrás que volver.* >> (Génesis 3:19).

Es decir que el origen de la EMIGRACIÓN, no es el clima o los cambios en las condiciones físicas, ni tampoco por motivos culturales, religiosos o políticos, el verdadero origen de la emigración es el pecado, la desobediencia al Creador.

Génesis 3:22 Dice:

> <<*Y dijo Dios: Ahora el ser humano es como uno de nosotros, pues sabe lo que es bueno y lo que es malo, no conviene que tome del fruto del árbol de la vida y viva para siempre. Entonces Dios el Señor expulsó al hombre y a la mujer del jardín de Edén, y puso al hombre a que trabajara la tierra de la cual fue hecho.* >>

La expulsión del hombre y la mujer del huerto del Edén, dio origen al desplazamiento de las familias de los hijos de Adán y Eva, tanto de manera forzada como de manera espontánea. Este desplazamiento masivo daría origen a la formación de los grandes imperios y la ocupación de nuevos territorios tanto por descubrimiento como por conquista mediante la aplicación de la fuerza y las armas.

Segunda emigración

Más adelante cuando Caín le quita la vida a su hermano Abel, El Señor decretó una sentencia migratoria sobre Caín. En el libro de Génesis 4:10-12 dice:

> *<<El Señor le dijo a Caín: ¿Qué hiciste? Desde la tierra, la sangre de tu hermano me pide justicia. Por eso, quedarás bajo la maldición de la tierra, la cual se ha tragado la sangre de tu hermano, al que tú mataste. Cuando trabajes la tierra, no te dará cosechas. Vivirás en el mundo como fugitivo, sin poder encontrar descanso. Desde entonces Caín se alejó de la presencia del Señor y fue a vivir en la región de Nod. >>*

Aquí encontramos los primeros detalles de la posesión territorial. Cuando Dios maldijo la tierra, surgieron entonces, los diferentes climas y por consiguiente las diferentes zonas de productividad, despertando en el corazón del hombre y la mujer el deseo de conquistar el mejor lugar para su familia. Cada ser humano de acuerdo a su visión o su ambición personal, escogería el lugar que representara o garantizara la realización de sus ambiciones. Desde entonces el fenómeno migratorio ha ido evolucionando desde la dispersión o el desplazamiento mandatorio, hasta el fenómeno que nos ha tocado vivir en estos días, motivada por la concentración del poder y la economía en ciertos países.

El instinto de supervivencia es inherente a todo ser viviente, y cuando el peligro de extinción ruge cual león en medio de la selva, es el momento de esconderse o de desplazarse, buscando un lugar seguro que represente la continuidad de la especie. Es por eso que el Supremo creador estableció leyes de protección a todo inmigrante, desde Caín hasta hoy.

En Génesis 4:14, Caín expresó las siguientes palabras:

> *<<He aquí me hechas hoy de la tierra, y de tu presencia me esconderé, y seré errante y extranjero en la tierra; y sucederá que cualquiera que me hallare invadiendo su territorio o transitando dentro de su territorio, podría matarme. Pero Jehová le respondió: Ciertamente cualquiera que matare a Caín, siete veces será castigado. Entonces Jehová puso señal en Caín, para que no lo matase cualquiera que le hallare. >>*

Las leyes de protección al inmigrante han sido ignoradas por el egoísmo de los poderosos, los cuales en su ambición se olvidan hasta de los acuerdos internacionales que han sido firmados para mantener la paz y la convivencia entre los seres humanos. La implementación de las nuevas leyes migratorias, diseñadas por los gobernantes de las grandes potencias mundiales, es contraria a lo establecido por Dios en su palabra. Estas leyes inhumanas, socavan la dignidad de los seres humanos, y destruyen la base de la sociedad, separando la familia y dejando en el abandono a miles y miles de niños inocentes.

El Presidente John F. Kennedy declaró:

> *<<Todo Americano debería tener el derecho de ser tratado como quisiera que lo traten, como uno quisiera que sus hijos sean tratados>>.*

La creación de hogares sustitutos, para albergar a los hijos de los hombres y mujeres que son deportados a sus países de origen, constituye uno de los fenómenos más denigrantes y dolorosos para niños descendientes de inmigrantes y nacidos en los Estados Unidos. Los padres biológicos son por naturaleza, insustituibles. Cuando una inocente criatura es desprendida de los brazos de sus padres, las autoridades migratorias cometen un crimen que está penalizado por las leyes universales de protección a la niñez. En la antigüedad, las familias no se movían con facilidad. El sentido de pertenencia estaba muy arraigado en sus corazones. Cada linaje trataba de permanecer, siempre que le fuera posible, en el lugar y la cultura donde había nacido. Pero hubo momentos en la historia de la humanidad, cuando un sentimiento de ambición y conquista se adueñó del corazón de algunos hombres, creándose las clases sociales, las diferencias raciales y los países o naciones poderosas.

El progreso y la Emigración

La época de las grandes conquistas, la formación de los grandes imperios y por consiguiente, la concentración de las riquezas, la ciencia, la modernización y la industria, abrieron el camino para la emigración moderna, la cual va de un pueblo a otro pueblo y desde una nación a otra nación. Este fenómeno es más evidente en los países de América Latina, donde las zonas rurales se están quedando sin habitantes y se está creando una súper población de las ciudades industrializadas y más desarrolladas, situación que ha provocado una gran crisis en la industria agropecuaria. Hoy en día hay más de 214 millones de inmigrantes en todo el globo terráqueo y la gran mayoría son personas que han dejado su país de origen para ir a otras naciones en busca de mejorar su condición de vida y la de su familia.

Los países industrializados, que a través del tiempo se han convertido en las grandes potencias mundiales, saben que en muchas ocasiones, el único precio que tuvieron que pagar, para adquirir territorio y poder, fue la eliminación de personas y del sistema ya establecido.

Ellos no crearon la tierra, sino que aprovecharon la oportunidad y usaron el poder, para desarrollar el potencial y la materia prima que ya estaba hecha desde el principio de la creación. Por tanto, deben compartir la tierra con los demás hijos de Dios. No pueden olvidar que, << *de Jehová es la tierra y su plenitud, el mundo y los que en el habitan, porque Él, la fundó sobre los mares y la afirmó sobre los ríos.* >> (Salmo 24).

Esto quiere decir, que si la tierra le pertenece a Dios y Él, es mi padre, entonces yo tengo una porción de terreno como herencia en cualquier parte de la tierra. Eso fue lo que entendieron y practicaron los indios de todo el continente americano. Los indígenas de nuestras tierras le abrieron los brazos a los colonizadores, así como también los indios de Norte América, especialmente la tribu de los Wampanoag. Los cuales en vez de exigirles al grupo de peregrinos que llegaron en busca de refugio, que pasaran por un proceso inmigración y naturalización, les abrieron los brazos y los corazones, ayudándoles en el proceso de adaptación y tomaron de su tiempo para enseñarles los secretos de una buena cosecha de maíz y calabazas. Y así, en paz mental y sin el terror de la persecución, pudieran establecerse en la nueva tierra y ver realizado el sueño de vivir en libertad y adorar a Dios sin ningún impedimento.

¡HONOR A ESOS HOMBRES Y MUJERES QUE NO CEDIERON SUS TIERRAS POR COBARDÍA, SINO POR AMOR!

CAPITULO 5

UN LLAMADO A LA IGLESIA EN LOS ESTADOS UNIDOS Y TODO EL MUNDO

En diciembre de 1862, Abraham Lincoln describió a los Estados Unidos de Norte América como la última y la mejor esperanza del mundo. El pasado de esta nación está escrito con la sangre y el dolor de los inmigrantes, pero más que eso, está escrito con el mensaje de redención que fue consumado en la cruenta cruz del calvario. Desde ese momento emocionante, cuando los primeros peregrinos llegaron a estas tierras, como inmigrantes en el año 1620. Antes que se escribiera la constitución de esta gran nación, se hizo una declaración, que describiría la razón por la cual se establecían como pueblo en estas tierras. La declaración dice así:

> *<<Hemos tomado estas tierras para la gloria de Dios y el avance de la fe Cristiana y hoy; hacemos un pacto de vivir en comunión y una mutua combinación>>.*

Esto quiere decir que ellos vinieron por el avance de la fe Cristiana. Yo soy testigo de esta declaración, porque un día Jesús llegó a mi vida porque un misionero Norte Americano llevó el mensaje de redención a mi pequeña aldea en la Republica

Dominicana y produjo el avance de la fe Cristiana en esa hermosa nación.

En 1643, antes de la declaración de independencia de esta nación, la confederación de la Nueva Inglaterra declaró estas palabras: *<<Todo lo haremos, para el avance del reino de nuestro Señor Jesucristo y disfrutar la libertad del evangelio y la pureza y la paz. >>*

Samuel Adams dijo: *<<Esta nación fue fundada bajo los principios del Cristianismo y no bajo los principios de la política de los demás países y por eso Dios ha bendecido a Norte América. >>*

Patrick Henry en 1776 dijo:

> *<<Tenemos que enfatizar que esta gran nación no fue fundada por religiosos, fue fundada por el evangelio de Jesucristo>>*

Todo esto quiere decir que Estado Unidos no puede olvidar, que, lo que la hizo grande fue la gracia de Dios. Por lo tanto, sobre esta nación hay un manto de responsabilidad que la compromete con el fiel cumplimiento de los preceptos divinos.

Éxodo 12:49:

> *<<Una misma ley habrá para el nativo y para el extranjero o inmigrante que habita en medio de ustedes. >>*

Números 15:16:

> ***<<Una misma ley y una misma norma regirá para todos, para ustedes y para los extranjeros o inmigrantes que residan entre ustedes y esta ley tendrá vigencia de generación en generación***

> ***para siempre. Todos son iguales delante del Señor. La misma ley regirá para todos.*** >>

Levítico 19:9-10:

> <<*Cuando cosechen sus campos, no arranquen las espigas que están a la orilla del campo, ni recojan las espigas que hayan caído al suelo. Lo mismo hará con sus viñedos. No recogerán las uvas que queden en la mata después de la cosecha, ni las que hayan caído al suelo. Déjenlas para los pobres y para los extranjeros o inmigrantes, porque yo soy el Señor su Dios.* >>

Levítico 23:22:

> <<*Cuando cosechen el producto de la tierra, no lo harán hasta el último rincón del campo, ni recogerán el grano caído, sino que lo dejarán para los pobres y para los extranjeros o "inmigrantes" que vivan en medio de ustedes y que no tienen tierra de su propiedad. Yo soy el Señor su Dios.* >>

Toda iglesia Cristiana, que por la gracia y el poder del Espíritu Santo ha sido establecida en cualquier lugar de la tierra, tiene que entender el propósito eterno por el cual Dios la estableció en ese lugar, para proclamar libertad y promesa. Cada iglesia es una embajada del reino de los cielos.

EMBAJADORES DEL REINO CELESTIAL

¿Qué es una Embajada? La palabra <<***embajada***>> es lo que define el cargo, la oficina y la residencia del embajador:<< ***Es la representación del gobierno de un país ante el gobierno de otro país distinto***. >>

Se conoce como <<***embajador***>> a todo aquel que representa su tierra en tierra de otro. Todo esto quiere decir, que la iglesia está compuesta por los embajadores de Cristo en esta nación y en el mundo. La iglesia no tiene razón de existir, si está separada del mensaje redentor de Jesucristo.

Somos la <<*luz del mundo*>> y la <<*sal de la tierra.* >> El mensaje está en la palabra y nadie tiene derecho a cambiarlo; el mensaje es claro, y no tiene espacio para la manipulación.

Los legalistas de las naciones poderosas, especialmente, muchos ministros en los Estados Unidos de Norte América, usan sus interpretaciones acomodadizas, para manipular los mandamientos bíblicos y manipular la constitución; olvidándose por completo, que la constitución de este país, fue escrita por hombres, quienes provenían de una tierra donde no tenían libertad y escribieron la constitución para asegurar la libertad para sí mismos y para las generaciones futuras.

Las embajadas; son lugares de refugio y redención.

¿Qué es la redención? En la palabra de Dios, el termino redención está relacionado con la ***acción y el efecto de sacar o rescatar de la esclavitud al cautivo, mediante el pago de un precio***. También tiene familiaridad con la ***acción y efecto de comprar de nuevo un objeto que se había poseído, vendido o perdido.***

¡La redención es una declaración de guerra!, Este mensaje es un grito de guerra y llamado a proclamar el mensaje de redención a toda criatura. Vamos a declararle la guerra a:

1. LA DISCRIMINACIÓN RELIGIOSA;
2. AL ODIO RACIAL;
3. AL FANATISMO;
4. A LA SEGREGACIÓN RACIAL

El mensaje de ***REDENCIÓN***, cancela la ***segregación*** y promueve la ***integración***.

UN MENSAJE DE INTEGRACIÓN Y REDENCIÓN

El apóstol Pablo escribiendo a los Efesios dice:

> *<<Por tanto, ustedes los que en un tiempo eran paganos de cuerpo, llamados incircuncisos por los que se llamaban circuncisos de cuerpo, recuerden que entonces vivían lejos de Cristo, excluidos de la ciudadanía de Israel, ajenos a la alianza y sus promesas, sin esperanza y sin Dios en el mundo. Pero, gracias a Cristo Jesús los que en un tiempo estaban lejos, ahora están cerca, por la sangre de Cristo. Porque Cristo es nuestra paz, el que de dos pueblos hizo uno solo, derribando con su cuerpo el muro divisorio, la hostilidad; anulando la ley con sus preceptos y cláusulas, reunió todos los pueblos en su persona, creando una nueva humanidad; restableciendo la paz. Y los reconcilió con Dios en un solo cuerpo por medio de la cruz, dando muerte en su persona a la hostilidad. Vino y anuncio la paz a ustedes, los que estaban lejos y la paz a aquellos que estaban cerca.*
>
> *Porque por medio de Cristo, todos tenemos acceso al Padre por un mismo Espíritu. De modo que ya no son extranjeros ni huéspedes, sino conciudadanos de los consagrados y de la familia de Dios. >>* Efesios 2:11-19.

En la Biblia del Peregrino, encontramos una interpretación magistral de este texto llamándolo la carta magna de la unidad y la reconciliación y estoy muy de acuerdo cuando dicen, que este es un asunto de máxima urgencia y actualidad para la iglesia de hoy.

Los días en los cuales el apóstol Pablo se movía de una nación a otra llevando el mensaje redentor de Jesucristo, eran días en los cuales en mundo estaba profundamente sumergido en el mar de la división, donde se habían construido grandes murallas de prejuicios, donde los judíos se consideraban como los escogidos y los conductores de la política universal.

Consideraban a los demás pueblos como los alejados, los indocumentados, los que miraban a Israel solo para buscar beneficios. Según un artículo muy antiguo, titulado <<***Carta de Aristeas***>>, dice en uno de sus párrafos: <<***nuestro sabio legislador, guiado por Dios, nos cercó con férreas barreras para que no nos mezcláramos en nada con ningún otro pueblo, para que permaneciéramos incontaminados de alma y de cuerpo.>>***

Parece que algunas naciones han tomado para sí, esta declaración y miran a los demás como seres de otro planeta.

Yo crecí y me eduqué en un ambiente cultural donde se enseñaba y se alimentaba el odio racial hasta sistemáticamente en los libros de texto de las escuelas primarias. Nacido en una isla hermosa del Caribe, con una situación única en el mundo, ocupada por dos países, con dos culturas y dos idiomas diferentes. Ambos países miraban con menosprecio y resentimiento a su vecino, siempre del otro lado del rio, se incrementaba el racismo. Así mismo en los tiempos de Pablo, los pueblos paganos desarrollaron un sistema de odio racial contra los judíos, llamándolos: <<***ANIMALES INSOCIABLES, ENEMIGOS DEL GENERO HUMANO. >>***

El santo apóstol inspirado por el Espíritu Santo tiene un mensaje no solo para la iglesia de Éfeso, sino también para la iglesia de hoy, a fin de crear conciencia y predicar en mensaje redentor en medio de un mundo, que se encuentra dividido por las líneas divisorias de la religión, la situación económica, el color de la piel y la nacionalidad.

El gran desafío es cambiar los conceptos humanistas y adoptar el mensaje proclamado por la iglesia apostólica. Cambiar el mensaje de *SEGREGACIÓN* por un mensaje de *INTEGRACIÓN.*

Este mensaje de integración está plasmado en la gran comisión que el Divino Maestro de Galilea ordenara a sus discípulos cuando dijo en Mateo: 28:19-20: *<<Por tanto, vayan y hagan discípulos en todas las naciones. Bautícenlos en el nombre del Padre, del hijo y del Espíritu Santo, y enséñenles a obedecer los mandamientos que les he dado. >>* De una cosa podrán estar seguros: *<<Estaré con ustedes siempre, hasta el fin del mundo>>.*

El Divino redentor de la humanidad, promete estar en medio de su pueblo todos los días hasta el fin, solo para abrir el camino de la redención.

Es como si Cristo les hubiera dicho: *<<Vayan a redimir a todo el mundo y establezcan mi reino con el mensaje de integración y redención. >>* En su sentido más profundo la palabra <<***REDIMIR***>> quiere decir:

1) Liberar a alguien del dolor o de una mala situación.
2) Volver a adquirir algo que se había perdido.
3) Conseguir mediante un pago la libertad del esclavo o el cautivo.

En mateo 20: 28 Jesucristo dice:

> *<<Recuerden que yo, el hijo del hombre, no vine para que me sirvan, sino para servir y dar mi vida en rescate de muchos>>*

La palabra <<***redención***>> es una palabra que a través del tiempo, en muchos lugares y en muchas instituciones ha ido perdiendo su verdadero significado; y todo porque el ser humano no está dispuesto a pagar el precio de rescatar aquellos que caminan sin esperanza. Algo que la iglesia debe discernir en el espíritu es que la obra redentora de Cristo, abarca al ser humano en su totalidad. Abarca su cuerpo, su alma y su espíritu. El dolor de la migración y el proceso de la redención, es una realidad constante en toda la historia de la salvación. La obra redentora de Cristo fue llevar su cuerpo el peso de toda la humanidad.

La biblia nos enseña que Jesucristo vino al mundo para redimir al género humano por medio de su muerte y resurrección.

Desde el Génesis hasta el Apocalipsis, empezando con nuestros primeros padres Adán y Eva, quienes fueron expulsados del jardín del Edén, y continuando con su descendencia hasta llegar a Jesús.

El Espíritu Santo empieza revelando en Nuevo Testamento de esta manera: <<*Libro de la genealogía de Jesucristo, hijo de David, hijo de Abraham.* >>

Cuando hablamos del patriarca Abraham, estamos hablando del padre de los inmigrantes de la fe y por la fe; de aquel que emigro por un mandato Divino y para enseñarnos que la emigración y la redención son hermanas siamesas. Abraham había nacida en la tierra de Ur de los Caldeos y habiendo nacido en una nación politeísta e idolatra, fue escogido por Dios, para decirle al mundo a través de las generaciones que <<El-Shaddai>> el todo suficiente, el Dios de las montañas y desiertos, Dios de la fuente inagotable de toda bendición, es el Dios de los migrantes, porque nuestros problemas no son demasiado grandes como para que <<El-Shaddai>> no los pueda manejar y resolver.

Abraham, el migrante de la fe y por la fe, en cada paso de fe y en cada decisión de fe, estaba llevando en sus lomos la bendición y redención de la humanidad. En el libro de Génesis 12:1-3

> *<<Pero Jehová había dicho a Abraham: vete de tu tierra y de tu parentela, y de la casa de tu padre, a la tierra que te mostraré. Y haré de ti una nación grande, y te bendeciré, y engrandeceré tu nombre, y serás bendición. Bendeciré a los que te bendijeren, y a los que te maldijeren maldeciré; y serán benditas en ti todas las familias de la tierra. >>*

Jesucristo en el Antiguo Testamento se presenta como el Ángel de Jehová que camino con Abraham, Isaac, Jacob, José, Josué, Agar, los jueces, Rut y todos los exiliados del pueblo de Dios; y en el momento más importante de la historia humana, se encarnó en el vientre bienaventurado de la virgen María, para venir a ser el verdadero y único <<**Goel**>> o pariente redentor de los migrantes en todo el globo terráqueo.

Hebreos 13:8 <<*Jesucristo es el mismo ayer y hoy y por los siglos.* >>

El ángel de Jehová se hace presente en los desiertos y en las grandes metrópolis con el fin de hacerles sentir a los que sufren por la ausencia de su gente, que su Dios siempre estará presente y que nunca estará ausente.

En la teología Paulina cuando se define la iglesia, se describe como una comunidad redentora, que debe cumplir con su misión y abrir las puertas de la misericordia a todos los seres humanos necesitados de unos brazos abiertos con amor, que los puedan ayudar a levantarse. Romanos 5:1-11:

> ***<<Justificados pues por la fe, tenemos paz para con Dios por medio de nuestro Señor Jesucristo. Porque Cristo, cuando aún éramos débiles, a su tiempo murió por los pecadores. >>***

La iglesia debe ser portavoz del mensaje de reconciliación a través de un solo mediador entre Dios y los hombres-Jesucristo.

Especialmente en la teología Paulina cuando se define la iglesia, se describe como una comunidad redentora: Romanos 8:24-25; Efesios 1:7; y 1:14; Colosenses 1:13-14; Hebreos 1:13-14; Lucas 24:20-22.

En estos pasajes, la biblia expresa claramente que el hombre no puede justificarse o redimirse por sus obras o por sus propios esfuerzos. Pablo era conocedor y estudioso profundo del Antiguo Testamento y la Palabra de Dios nos enseña que en el <<***antiguo pacto***>> los pecadores o penitentes para ser redimidos de sus pecados tenían que traer un animal al templo para ser sacrificado.

Esto era necesario porque Dios había escrito un decreto que decía: <<*Sin derramamiento de sangre no hay redención de pecados*>> Hebreos 9:22.

Esto indica claramente que la muerte de una víctima inocente era necesaria para la remisión del pecado. Por tanto Cristo, el inmaculado hijo de Dios, vino al mundo y se hizo carne inocente, sin pecado, como un cordero sin mancha y sin contaminación y mostrando su inmenso y sublime amor por la humanidad, derramó su sangre en la cruenta cruz del calvario, muriendo en lugar del penitente pecador, para ofrecer el único y suficiente plan de redención. Hechos 13; 38-39 dice:

> *<<Sabed, pues, esto, varones hermanos: que por medio de Él se os anuncia perdón de pecados, y que de todo aquello de que por la ley de Moisés no pudisteis ser justificados, en Él es justificado todo aquel que cree>>*

Explicándole esto a los hermanos de Éfeso, el santo apóstol dice: *<<Porque ustedes han sido salvados por la fe, no por mérito propio, sino por la gracia de Dios; y no por las obras, para que nadie se gloríe>>* Efesios 2:8-9.

CAPITULO 6

LOS BENEFICIOS DE LA REDENCIÓN

<<Cuando la política promete ser redención, promete demasiado. Cuando pretende hacer la obra de Dios, pasa a ser, no divina, sino demoníaca. >>

Benedicto XVI

UN SACRIFICIO REDENTIVO

La redención es un acto benigno y judicial de Dios, mediante el cual, Él por su gracia e infinito amor, concede remisión completa de la pena por los pecados cometidos; la declaración de inocentes y sin culpa a todos aquellos que por la fe reciben a Cristo como su abogado defensor ante el juez de toda la tierra y mediante el precio de su sangre.

Son absueltos de toda culpabilidad y con el poder y la autoridad de su sacrificio de sangre en la cruz, Jesucristo remueve la penalidad de la ley que fue violada.

Por su sacrificio en la cruz pago el precio de nuestra redención. Por tanto, como dice Pablo en Romanos 8:3: <<*Lo que era imposible para la ley, por cuanto era débil por la carne, Dios, enviando a su hijo en semejanza de carne de pecado, y a causa del pecado, condenó al pecado en la carne".* >>

Hebreos 4:15 dice:

> *<< Que no tenemos un Sumo Sacerdote que no pueda compadecerse de nuestras debilidades, sino uno fue tentado en todo según nuestra semejanza, pero sin pecado. >>*

Él, se dio a sí mismo por nosotros para redimirnos de toda iniquidad y purificar para sí un pueblo propio.

SU GENEALOGÍA ESTA LLENA DE INMIGRANTES

Una de las historias más conmovedoras, relacionadas con la emigración es la historia de Rut y Noemí. La historia empieza en un pueblo lleno de experiencias hermosas. Todo era felicidad para Noemí en su pequeño pueblo de Belén. Con su esposo y con sus hijos componían una familia hermosa y llena de esperanzas.

Por la misericordia del Señor disfrutaban del clima inigualable y del ambiente familiar propio de aquel lugar donde un día iba a nacer el redentor de la humanidad.

Un día su esposo se levanta y da la triste noticia, que tienen que emigrar a otro país por circunstancias fuera de su control y voluntad. Una gran escasez de alimento había azotado la región, forzando a muchas personas a salir de su tierra, en busca de mejores oportunidades de subsistencia.

Elimelec, su marido, había escuchado que en Moab, la situación económica era estable y allí su familia alcanzaría mejor nivel de vida, y aunque era una nación que estaba dominada por un sistema idolátrico, la necesidad era tan grande, que era preferible tomar el riesgo, antes que continuar viviendo en precariedad económica.

Elimelec, nunca se imaginó las sorpresas que le esperaban al otro lado de la frontera, no solamente por el ambiente social y religioso, sino porque una nube de luto y de dolor, los cubriría de tal manera, que marcaría y cambiaría el futuro de la familia. Dice la biblia en Rut 1:3-5:

> *<<Estando en Moab murió Elimelec, y Noemí quedo con sus dos hijos. Los dos jóvenes, Quilion y Majlon, se casaron con Orfa y Rut respectivamente, que eran moabitas y residieron allí unos diez años. Algún tiempo después ambos hombres murieron, Y Noemí quedo sola, sin esposo sin hijos y sin familiares. >>*

Durante mi vida ministerial he tenido que identificarme con el dolor que embarga una familia cuando ve partir a un ser querido hacia la eternidad; pero en cada ocasión que he tenido que ministrar en el funeral de una persona que ha fallecido lejos de su tierra, he visto la sensación de tristeza, dolor e impotencia, al tener que enterrar a un familiar en una tierra extraña, o tener que acompañar el cadáver de un ser querido hasta la tierra que lo vio nacer.

Esto constituye uno de los traumas más grandes para un inmigrante. ¡Es una experiencia indescriptible! A partir de ese momento, la vida jamás será igual y es el momento, cuando desde lo más profundo del corazón, surge la pregunta ¿por qué? Y ¿para qué? vinimos a este país.

Habiendo vivido esos momentos en más de una ocasión, tanto en el área ministerial como también en lo personal, puedo pensar, en lo mucho que Noemí necesitó una palabra de compasión y fortaleza, que fuera como un bálsamo para su alma angustiada y triste.

Sus dos nueras podían compadecerse, porque estaban sintiendo el mismo dolor y podían entenderla; estaban en la misma condición de viudas, pero no podían brindarle una palabra de fe y esperanza como las pronunciadas por Job, cuando dijo: << *¡yo sé que mi redentor vive*!

Ellas no conocían al Padre de misericordia y Dios de toda consolación, el cual nos consuela en todas nuestras tribulaciones, para que nosotros podamos consolar a los que están en cualquier tribulación.

Qué hermoso hubiera sido para Noemí poder escuchar la palabra de un siervo o una sierva de Dios en tierra extraña. Pero allí no había nadie que representara al Dios que da paz en medio de la tormenta y que te dice. *<< ¡No temas! ¡Porque yo estoy contigo para redimirte del dolor!>>*

Es en esos momentos, de doble dolor, cuando el pueblo de Dios debe estar presente, para traer palabras de fe, consolación y esperanza.

¿Dónde está la iglesia cuando una familia de inmigrantes es visitada por el dolor?

¿Dónde está la iglesia cuando llega el momento de la separación familiar?- sea por muerte o por la inhumana deportación.

LA INHUMANA PERSECUCIÓN

La despiadada y feroz persecución que se está protagonizando hoy día en todos los países y continentes, solo se puede comparar, al ambiente de pánico y turbación que viven esos seres inocentes que moran libremente en la selva, cuando el rugido del león, declarando su territorio, reclamando su propiedad como si la hubiera creado, y ordenando a su manada, que persigan y deporten a todos los que quieran venir a compartir la creación de Dios. El león no sabe el dolor y el vacío que crea en esas inocentes crianzas, cuando en la huída, sus padres desaparecen en la selva ya sea por muerte para que el león sacie su hambre o por deportación territorial.

Muchos de esos animalitos se pierden en la selva y mueren de hambre y soledad, desorientados, buscando sin rumbo a sus progenitores quienes les guiarían y les enseñarían como sobrevivir en mundo selvático.

Cuando los agentes de inmigración, en representación de los gobiernos, salen por todo el territorio nacional de cualquier país del mundo- ¡cual manada de leones!- con su rugido de legalidad territorial en las manos, no por instinto como el león, sino por el egoísmo y la ambición, propias del ser humano.

No se imaginan el dolor, el pánico, el vacío y la ansiedad que producen en muchas criaturas inocentes, por el temor a ser separados de sus progenitores.

Esa ansiedad se refleja en la escuela y en la iglesia produciendo un cambio de conducta y baja productividad en las tareas escolares. Motivados por el vacío existencial y el miedo al futuro.

Cuando los diferentes medios de comunicación, exponen a los niños a las escenas tristes de deportación y separación, están creando un ambiente de terror que tiene que conmover las fibras más sensibles del corazón de los hijos y las hijas de Dios, para convertirnos en portavoces de un mensaje de esperanza- a fin de que los niños puedan ver en la iglesia un lugar de refugio, y vean en los ministros del altar, una voz que clama en defensa de ellos y sus familias.

Los psicólogos han elaborado una lista de los temores más comunes entre los niños. Pero, como los poderosos siempre dominan la mayoría de las encuestas, en esas investigaciones no aparece el temor a la deportación o el temor a la separación familiar, o el temor a terminar la escuela secundaria y no poder ingresar a la universidad, por carecer de la documentación legal que le otorga la residencia permanente en la nación.

> *Según la más reciente lista de temores entre los niños, las más comunes son: pesadillas, drogas, encontrarse en medio de una balacera, muerte repentina por un accidente, guerra nuclear, cuchillos, armas, y enfermedades mortales como el SIDA.*
>
> *Entre los de niños de menor edad, los temores más comunes son: el temor a los truenos y los relámpagos; el temor a los monstruos que habitan debajo de la cama; y el temor a los fantasmas que se alojan en el ático; el temor a la separación de sus padres; el temor a los extraños; y el temor a la oscuridad.*

Como pastor de una congregación compuesta en su mayoría por inmigrantes, cada semana, decenas de padres se acercan a mí, para solicitar una visita a su casa para orar en la habitación de sus niños, ya que están siendo presa fácil del temor y la ansiedad.

Los estudiosos de la conducta humana, están tomando cada día con más seriedad, el asunto de los temores, y están tratando de encontrar las causas y los efectos negativos de esta situación alarmante entre la niñez.

Los sociólogos y los psicólogos saben que toda situación de miedo viene como respuesta inconsciente a una experiencia real o imaginaria, y que el miedo tiene una hermana gemela conocida como la ansiedad, la cual nace de un corazón cargado de preocupación, por el conocimiento o el ser alertado acerca de una prueba difícil, que está por venir.

Los niños entre las edades de 6 a 12 años enfrentan preocupaciones propias de esa difícil etapa de la vida, donde los cambios hormonales y corporales, le llevan a preocuparse por muchas cosas que amenazan su vida y la de su familia como: *ser víctima de agresión por algún niño que se crea superior; además se preocupan de fracasar en su rendimiento escolar y el de no ser aceptados en el grupo debido a su apariencia física o por su origen étnico.*

Pero, para los hijos de inmigrantes, la situación se torna más difícil, ya que a los temores propios de la edad, se le añade la preocupación de que sus padres puedan morir, o su familia va a ser deportada y todo lo que han conseguido atreves de su esfuerzo y dedicación, lo pueden perder en un momento y ser obligados a enfrentarse con lo que les asusta.

Es en este momento, cuando la iglesia tiene que cambiar su ***VISIÓN Y MISIÓN***, para asimilar y proclamar el mensaje de Jesucristo cuando dijo: *<<Vengan a mí, los que se encuentran cargados y agobiados, y yo los aliviaré>>.*

Estas palabras llenas de ternura y comprensión, tienen que ser dirigidas a esa gran multitud compuesta por millones y millones de inmigrantes que sufren cada día, el riesgo de ser tomados para ser maltratados como si fueran criminales.

Cuando Jesús pronuncio estas palabras es porque El, más que ningún psicólogo o sociólogo, conoce el corazón humano, ya que es El creador de todo lo que existe, visible o invisible y EL GRAN YO SOY sabe; que dependiendo de las respuestas de compasión y comprensión hacia estos temores y ansiedades, las personas recibirán la fortaleza necesaria para enfrentar las dificultades de la vida presente y la vida venidera.

Según los psicólogos, el escuchar a la gente, especialmente en la etapa de la niñez y la adolescencia, el creer en la gente y darles una palabra de aliento y esperanza, constituyen los factores más importantes, en la creación de una plataforma desde donde se puedan enfrentar los temores y ansiedades que ha producido esta vorágine migratoria.

Los 214 millones de inmigrantes en todo el mundo, se encuentran tan agobiados por cargas muy pesadas, y solo Cristo puede suprimir esas cargas. Alguien dijo: <<! Si no es ahora! ¿Cuándo? ¡Si no yo! ¿Quién?

Este es el tiempo señalado por ¡EL ETERNO! Para que la voz profética se escuche desde los cuatro vientos diciendo que en **Cristo hay redención**.

Tenemos que ser sensibles ante el sufrimiento de nuestros semejantes y especialmente los niños y adolescentes entre las edades de 1 a 17 años.

Es muy importante hacerles saber a todos, que en la iglesia, serán amados y no juzgados o deportados.

Tenemos que demostrarles con hechos y no con palabras, que la casa de Dios es para ayudarlos y no para juzgarlos.

Use un lenguaje del reino celestial y no un lenguaje legalista y denigrante, sacado de contexto, para justificar el complejo de superioridad que han adoptado algunos seres deshumanizados.

Hoy día, con mucho dolor, podemos ver, como muchas palabras y conceptos, son interpretados y traducidos fuera de contexto, con la finalidad malvada, de ser usados como pretexto, cuando tienen que distinguir a los diferentes grupos de inmigrantes. Ese tipo de palabras ni aun se nombre entre nosotros, ya que somos agentes del reino igualitario integrado por todos aquellos que han lavado sus ropas y las han embellecido con la sangre del Cordero.

LOS AGENTES AUTÉNTICOS DEL REINO DE LOS CIELOS, SON AQUELLOS, QUE EN SUS VIDAS, LE DAN UN LUGAR DE PRIORIDAD A LA PALABRA DE DIOS

La Iglesia de hoy debe actualizarse y empezar a jugar un papel protagónico en este tiempo de cumplimiento profético del proceso migratorio.

CAPITULO 7

LA REFORMA MIGRATORIA TIENE QUE EMPEZAR EN LA IGLESIA

Desde que llegue a este país a trabajar exclusivamente para la iglesia, he escuchado el grito de muchos, pidiendo al presidente del turno, que apruebe una ley de amnistía, que abra el camino para qué millones de inmigrantes de diferentes países y continentes, reciben la residencia permanente en los Estados Unidos de Norte América.

La reforma migratoria es el tema más sobresaliente en el día de hoy-2014. Se habla más de reforma migratoria que de la guerra, y, se está señalando al gobierno y al senado para que aprueben una gran reforma en las leyes migratorias. Esto permitiría que muchos millones de personas que viven en este país puedan vivir y trabajar juntos y ver realizado el sueño humano y el sueño Americano.

Pero hay un sueño que está por encima del sueño americano- *EL SUEÑO DE JESUCRISTO*,- de establecer el reino de Dios en toda la tierra. Un reino de felicidad, un reino de igualdad social, donde los seres humanos sean valorados, no por su color, raza o nacionalidad, sino como seres creados a imagen y semejanza de Dios. Esto no puede tener su génesis en las oficinas gubernamentales de ningún país del mundo sino en el corazón de los altares, que ocupan aquellos que han sido constituidos embajadores y pastores en representación del reino de Altísimo.

LA REFORMA MIGRATORIA QUE SE NECESITA EN AL MUNDO, NO SERA IMPLEMENTADA HASTA QUE SE DESARROLLE UNA REVOLUCIÓN ESPIRITUAL EN LA IGLESIA DE JESUCRISTO.

¡Libre al fin! ¡Libre al fin!

El 28 de Agosto del año 1963, un hombre lleno del Espíritu Santo, edificó una plataforma delante del monumento a erigido en honor a Abraham Lincoln en Washington, DC, Capital de los Estados Unidos de Norte América y frente a una histórica y sin igual manifestación de más de 200,000 personas, predicó el mensaje más contundente que se haya escuchado en los últimos (50) años.

El pastor Martin Luther King, Jr; en su famoso y emotivo sermón titulado: <<TENGO UN SUEÑO>> recordó a todos los presentes, la histórica y humana proclama de la emancipación, decretada por el presidente Abraham Lincoln, y en la cual abría las puertas de la esperanza para millones de esclavos negros, los cuales vivían legalmente en la nación, pero caminaban con un sello de ilegalidad en sus espaldas.

No solamente tomo la ocasión para una recordación, sino que apoderándose de su posición como embajador del reino de los cielos, vino a reclamar el derecho que fue plasmado en la estructura legal de esta nación por los arquitectos de la Constitución y la Declaración de Independencia, en la cual se garantizaba la promesa de que todos los hombres y mujeres, que vivieran en este país, sin importar cómo y cuándo fuera su entrada, les serían garantizados los derechos inalienables a la vida, la libertad y la búsqueda de felicidad.

En aquella solemne ocasión los siervos y siervas de Dios llegaron hasta aquel histórico monumento para recordar a los

Estados Unidos de Norte América, la urgencia del ahora. Dijo el Pastor King: *<<Este no es el momento de tener el lujo de enfriarse o tomar tranquilizantes de gradualismo. Ahora es el momento de salir del oscuro y desolado valle de la segregación>>.*

El 28 de agosto de 1963, frente al monumento a Lincoln, fue el principio de la libertad y la paz que disfrutan los afro-americanos. Aquel día, cubiertos bajo la sombra simbólica de aquel gran hombre, los Cristianos allí reunidos con lágrimas en los ojos escucharon a un gran pastor decir: *<<Mis amados amigos y hermanos, hoy les digo a ustedes, que a pesar de las dificultades del momento, yo aún sigo soñando que todos los hombres y mujeres son creados iguales>>.* Hoy, cincuenta (50) años después, los cristianos tenemos que unirnos para añadir algo a las palabras finales del Pastor Luther King cuando decía: *<<Llegará un dia cuando todos los hijos de Dios, negros y blancos, puedan unir sus manos y cantar, las palabras del viejo canto espiritual ¡libres al fin! ¡libres al fin! Gracias a Dios Omnipotente,* ***¡Libres al fin!****>>*

¡LOS HISPANOS TAMBIÉN TENEMOS ESOS SUEÑOS!

En el cuadro visionario de la futura libertad, El Reverendo Martin Luther King Jr.; quizás no pudo distinguir a un grupo de color entremezclado que aparecía como una pequeña nube, la cual crecería hasta cubrir gran parte del cielo azul de Norte América. Por eso, él solo quiso acelerar la llegada del día cuando todos los hijos de Dios, negros y blancos, judíos y cristianos, católicos y protestantes, pudieran unir sus manos y cantar el grito de libertad, pero hoy, 50 años después, con una población de hispanos en los Estados Unidos de Norte América que sobrepasa los 50 millones de personas, tenemos que decir: *<<Hoy tenemos que orar, y acelerar la llegada del día, cuando todos los hijos de Dios, blancos, hispanos y negros, judíos y cristianos, protestantes, católicos y gente sin ninguna denominación religiosa, puedan unir sus manos y cantar la canción que todos anhelamos cantar: ¡Libres al fin! ¡Libres e integrados al fin! ¡Libres y aceptados al fin!>>*

Hoy también nosotros en nombre de los 54.000.000 (cincuenta y cuatro millones) de hispanos residentes en los Estados Unidos de Norte América y los 146.000.000 (ciento cuarenta y seis millones) de seres humanos que viven en estas tierras, lejos del país que los vio nacer, a pesar de las dificultades de este tiempo, podemos seguir soñando, ese sueño que se encuentra profundamente arraigado en el sueño de todo ser humano.

CAPITULO 8

MEDIA ISLA DE INMIGRANTES

Vamos a parafrasear al poeta dominicano Pedro Mir, para decir: "Hay una isla en el mundo ocupada por dos países; donde existe una mezcla de culturas y religiones, donde se hablan tres idiomas, donde la humana nube que la cubre, no es blanca y no es negra; sino de varios colores. Donde no hay arraigo nacional sino, que las potencias extranjeras desde 1492, han dirigido y controlado su destino social, económico y espiritual. "Hay una isla en el mundo" donde no se hace lo que dice Dios, sino lo que dice la religión y los políticos. "Hay una isla en el mundo" donde la ignorancia de la verdad bíblica, ha sido su peor enemiga. En esta isla favorecida por el Creador; el desplazamiento migratorio ha tenido un desarrollo tan disfuncional, que a veces ha llegado a ser criminal. "Hay una isla en el mundo", donde se juega con los derechos humanos como se juega a la pelota. "Hay una isla en el mundo", donde los invasores europeos, enseñaron al "negro" a denigrar al "negro". "Hay una isla en el mundo", donde el racismo y la persecución tienen su "origen y su motivación" ocultos detrás de un monstruo disfrazado de religión y que nadie hasta ahora, se ha atrevido a desenmascarar. "Hay una isla en el mundo", donde al negro llaman indio para complacer al blanco. "Hay una isla en el mundo, donde la conciencia vive, muy lejos de las iglesias" "hay una isla en el mundo", donde las grandes potencias deciden por los nativos.

"hay una isla en el mundo", donde el valor de la vida se aprecia por el color. "hay una isla en el mundo", donde no hay voluntad propia porque alguien la ha comprado. "hay una isla en el mundo", donde dos grandes potencias batallan por ser los dueños. "hay una isla en el mundo", con riqueza inagotable, que no sacia la ambición. "hay una isla en el mundo", donde la constitución se toma como un papel y se cambia cuando quieren las potencias extranjeras. En la historia de las migraciones en el mundo, al este de esa isla, ocupada por un país llamado Republica Dominicana; el día 25 de septiembre del año 2013, se escribió un capitulo muy doloroso. Ese funesto día se emitió la sentencia, TC/0168/13. El tribunal constitucional de ese país, está despojando de la nacionalidad dominicana a todos los hijos de extranjeros nacidos en tierra dominicana desde el año 1929 y hasta la fecha actual.

Esta inhumana decisión afecta a miles y miles de seres humanos, que por voluntad de Dios nacieron en la tierra de Duarte, Sánchez, Mella y Luperón; los cuales serán despojados del derecho universal de la nacionalidad dependiendo del lugar donde nace cada ser humano. Esta medida, "aparentemente" tiene la sola intención de desnacionalizar a todos los dominicanos y dominicanas de ascendencia haitiana nacidos en territorio dominicano. El tribunal constitucional que emitió esa sentencia después de recibir la desaprobación de los organismos internacionales, ha tratado de aclarar cuál es el verdadero espíritu de esa disposición. Es importante reconocer, que aunque esta ley no esté encaminada a perseguir a la comunidad haitiana, ésta será la más afectada.

Debido a muchas circunstancias y tradiciones centenarias relacionadas con la tormentosa convivencia entre las dos naciones, la división territorial, las diferencias culturales, las diferencias idiomáticas, y, por sobre todo, la controversia religioso-cultural y el <<celo>> del imperio Romano imperante en suelo dominicano desde muchos años antes de ser una nación organizada y dirigida por una constitución. Los hombres y mujeres que tenemos un compromiso espiritual con el Eterno Dios y sus criaturas, no podemos guardar silencio frente a cualquier atropello a los derechos humanos, sin importar el lugar donde esto suceda. El pueblo dominicano y muy particularmente el pueblo Cristiano, tiene que conocer el "verdadero" origen del **<<racismo>>**, el hostigamiento y la discriminación, en contra de las personas de tez oscura o de ascendencia africana que han nacido en este país.

La historia Dominicana envilecida y parcializada por la gran mayoría de los historiadores se ha encargado de ocultar y disfrazar la verdadera razón por la cual se persigue a los inmigrantes negros en la Republica Dominicana. El dilema no empieza con la inmigración africana en la isla sino con la inmigración y ocupación europea el día 5 de diciembre de 1492. Cuando Cristóbal Colón y los españoles invadieron estas tierras, abrieron un oscuro capítulo que a través de la historia no ha sido clarificado. En ese drama de terror, crimen, violaciones y atropellos a los derechos humanos, el Imperio Romano ha sido el principal protagonista usando como actores a los representantes de la iglesia católica apostólica y romana.

La invasión europea a la isla que los aborígenes llamaban "hayti" tenía dos motivaciones: la primera; adueñarse de la riqueza de la isla y para complacencia del imperio, cambiar y transferir el nombre legal de un territorio mediante el cual el imperio romano podía recuperar gran parte del terreno perdido en muchas otras partes del mundo. Por esa razón, establecieron el maligno plan de eliminar a los indígenas, esfumar los rasgos culturales y la implantación de un pedazo de España en la nueva tierra. Por eso le cambiaron el nombre de "hayti" al de la "hispaniola". La segunda motivación consistía en la implantación forzosa de la religión representativa del decadente Imperio Romano y lo hacían obligando a los aborígenes a creer y practicar lo que ellos pregonaban, acerca de los "inventos" religiosos implementados en Roma en año 313 después de Cristo. Donde nace "oficialmente" la iglesia católica apostólica y romana, en concordato con el emperador Constantino quien había continuado los crímenes de sus antecesores en contra de los discípulos originales del Cristo de Galilea.

Todavía en este país hay mentes indígenas que siguen creyendo que la iglesia católica romana fue la primera iglesia fundada por Cristo. La cuna del Cristianismo está en Palestina, donde nació nuestro Señor y salvador Jesucristo, quien es la cabeza de la iglesia. Desde esa tierra santa el evangelio fue predicado por los apóstoles en fiel cumplimiento a la gran comisión del maestro. La biblia dice en el libro de los hechos capitulo 11:26 que a los creyentes se les llamo cristianos por primera vez en una ciudad del oriente llamada Antioquia.

El evangelio llegó a Roma alrededor del año 54 D.C. y el año 60 D.C. Cuando el apóstol Pablo llegó a la capital del imperio más poderoso de la época el ambiente religioso estaba dominado por el paganismo. Todos los emperadores empezando con Nerón y terminado con Diocleciano, fueron instrumentos en las manos de satanás para oponerse ferozmente al avance de la fe Cristiana, en toda la geografía que conformaba la capital del imperio Romano. Por consiguiente, en lugar de ser fundadores, los romanos deben ser considerados destructores de la fe. Desde el año 54 después de Cristo hasta el año 310 D.C. la capital del imperio romano se convirtió en un laberinto de tormentos, persecuciones y derramamiento de sangre para los cristianos. Por las noches, la ciudad de Roma era iluminada con los cadáveres de los mártires convertidos en antorchas en cada esquina de las calles. El famoso coliseo romano ha quedado como testigo de los espectáculos sangrientos que se escenificaban cada domingo donde los inocentes seguidores del divino maestro de Galilea, eran devorados por los leones hambrientos provocando la burla y el escarnio de los fanáticos que llenaban ese confuso lugar.

Pero como sucedía en Egipto, la fidelidad de Dios estaba con su pueblo, porque cuanto más los oprimían, más se multiplicaban. La iglesia seguía creciendo hasta cubrir todo el imperio con el poderos mensaje del evangelio. El crecimiento de la iglesia a pesar de los crímenes fue algo que llego a preocupar a muchos de los emperadores. Algunos llegaron a pensar que si continuaban creciendo podían convertirse en adversarios políticos. Este sentimiento de temor fue lo que condujo al emperador Constantino a dramatizar una aparente conversión al Cristianismo y así poder convertirse en el emperador de todos. Como una estrategia política en el año 313 dc, realiza la convocación de un gran concilio ecuménico en la ciudad de Milán. En este concilio entre Constantino y el distrito eclesiástico de Roma, se firma el Edicto de la Tolerancia o Concordato de Milán, de donde surge lo que hoy se conoce como la IGLESIA CATÓLICA APOSTÓLICA Y ROMANA. Observemos que el nombre de Cristo no aparece por ningún lado. El inseguro emperador se sintió intimidado pensando que la iglesia podía llegar a convertirse en un instrumento de invasión política y por consiguiente, preparó una negociación, inspirada en el clientelismo político-religioso más impactante de la historia. Este acuerdo se pudo lograr porque dentro de la iglesia en Roma, muchos ministros habían perdido el ADN espiritual de los apóstoles originales. Desde la horrenda persecución ejecutada por Nerón y hasta los días de Constantino, los discípulos originales preferían morir antes que renegar la fe en su maestro.

Los emperadores buscaban todos los medios para convencer a los creyentes y unirlos al imperio. Los apóstoles Pedro y Pablo nunca aceptaron negociar con el emperador y sus ofertas de privilegios personales para ellos. El aspecto religioso y el aspecto secular no son compatibles y por esa razón fueron eliminados. Con la muerte de estos apóstoles y un gran número de seguidores se abrieron las puertas para que Constantino astutamente convenciera a ciertos líderes a través de una supuesta visión que él había tenido. Desde ese momento, el distrito compuesto por la iglesia romana pasó a ser una institución al servicio del imperio a cambio de recibir beneficios incalculables.

La iglesia que se reunía en las catacumbas ahora se reuniría en suntuosos templos. Los ministros y siervos del Señor ahora se convertirían en sacerdotes al servicio del emperador y del estado. Antes vivían por fe en la providencia del Señor; ahora dependerían de un salario gubernamental. Fue un tiempo de celebración para el imperio del maligno. La teatral conversión de Constantino quedo demostrada con su bautismo tardío y quizás involuntario realizado en su lecho de muerte en mayo del año 337 D.C. 25 años después de su aparente conversión al Cristianismo, Constantino el grande, a punto de expirar fue bautizado por el obispo Eusebio. Este acto bautismal no se efectuó en Roma, se realizó en una provincia apartada llamada Nicomedia en Bitinia, al Noroeste de Turquía. Los ingredientes del Edicto o concordato de Milán, conformaron una mezcla de naturaleza letal, donde se unieron los ritos y ceremonias de las religiones paganas con la sencillez del Cristianismo; creando un desequilibrio dogmático, político, psicológico y cultural que puso a disposición de satanás gran parte del sentir religioso de los pueblos y sus futuras generaciones.

Desde su fundación en Milán, la iglesia católica apostólica y romana, ha sido un instrumento de sangre, persecución y muerte al servicio del imperio romano y muchos estados en el mundo. Como testimonio de esto están las sangrientas cruzadas y la ignominiosa inquisición. Por esta razón el remanente que nunca perdió el ADN de los apóstoles originales nunca aceptaron el acuerdo constantiniano y huyeron de Roma, para llevar el evangelio a diferentes partes del mundo.

Afirmar que la iglesia católica apostólica y romana fue la iglesia fundada por Jesucristo constituye un crimen histórico tan destructivo y confuso, como decir que Trujillo fue el benefactor de la patria. Cuando Cristóbal Colon y sus acompañantes llegaron a la isla, esta tierra hermosa se encontraba habitada por los indios Taínos. Estos humildes seres humanos, disfrutaban de la belleza y la riqueza de esta tierra bendita a la cual llamaban "hayti", que significa tierra montañosa o tierra alta. Desde nuestros aborígenes los habitantes de esta isla, han tenido sus brazos abiertos a todos los inmigrantes y esto ha sido demostrado desde el principio y hasta el día de hoy.

Cuando los Taínos le abrieron los brazos al primer grupo de inmigrantes que llegaron desde España en aquellas famosas embarcaciones. Desde que la Pinta, la Niña y la Santa María, desembarcaron en nuestras playas cargadas de saqueadores, violadores de mujeres y hombres. Pero por sobre todo; portadores del engaño religioso más perturbador de todos los siglos conocidos como la Iglesia Católica Apostólica y Romana. Institución que representa la contradicción más grande de lo que es el cristianismo autentico. Desde el 5 de diciembre de 1492, esta isla hermosa jamás ha sido igual. Una gran nube de ignorancia ha cubierto el firmamento nacional opacando la luz de la esperanza. En aquel tiempo inolvidable para la historia, entremezclados con los aventureros llegaron algunos inocentes frailes, con una cruz en la mano no para sembrar amor y compasión sino para marcar este territorio con el dolor, la esclavitud, la idolatría y el oscurantismo español más denigrante. A partir de ese momento y sin pagar ningún precio, se adueñaron de lo que había y de lo que vendría.

El dolor físico y moral que causaban era tan profundo, que uno de los aborígenes, el gran cacique Caonabo dijo un día valientemente que si los cristianos iban para el cielo, él prefería ir al infierno. Aquel gran ser humano descubrió que la cruz que portaban los frailes no era la cruz de Cristo, sino la cruz de la monarquía española la cual había llegado para golpear y para imponer. Ellos no representaban al Cristo del amor sino a la emperatriz romana del terror. El cacique Caonabo sin saberlo estaba penetrando en el mundo espiritual, para visualizar la "maldición" que carga la iglesia católica española por haber perseguido y eliminado a miles y miles de inmigrantes judíos, calificándolos de "herejes" por seguir fielmente los principios establecidos en la ley de Moisés. La ignorancia bíblica de los impostores romanos la encontramos en el libro de Génesis, capítulo 12:3, donde Jehová le dice al padre de la nación Judía. "Y bendeciré a los que te bendijeren y a los que te maldijeren maldeciré y serán benditas en ti todas las familias de la tierra".

La intolerancia del prelado católico español y romano ha llevado a muchos hombres y mujeres de buen corazón a morir en la más completa ignorancia de la verdad. Cuando escribo estas líneas no puedo contener las lágrimas pensando en mis antepasados. Hombres y mujeres de gran nobleza y un amor profundo por las cosas de Dios. Pero murieron en la ignorancia y no tuvieron la hermosa oportunidad de conocer a Cristo y aceptarlo como su único salvador. Mi familia siempre estuvo comprometida con la iglesia romana-española. Monjas y aspirantes a sacerdotes salieron del seno de mi amada familia.

Siendo muy pequeño escuche a un sacerdote español prohibir la lectura de "ese libro negro" refiriéndose despectivamente a la biblia y no lo entendí hasta que conocí a Cristo en mi juventud y empecé a leer las Sagradas Escrituras las cuales trajeron luz a mi vida. Aquel representante del oscurantismo español pretendía que todos continuáramos en la ignorancia. Esa misma ignorancia que no ha permitido que la gran mayoría de dominicanos y dominicanas, puedan conocer la verdadera razón por la cual se persigue a los haitianos en la parte este de la isla de "Haití". Por su ubicación geográfica y por la riqueza de esta tierra desde que la corona española fue informada de todo el inmenso potencial existente, quiso hacer de Santo Domingo, "El Vaticano" del nuevo mundo. Aquí fue celebrada la primera misa, aquí se edificó la primera fortaleza, aquí se estableció la primera ciudad. Aquí también se organizó la primera colonia. En los albores de la invasión española a esta isla poblada por los indios taínos, Cristóbal Colon les escribió una misiva a los Reyes católicos en la cual les decía:

"Vuestras altezas no deben consentir que aquí trate ni haga pie ningún extranjero, salvo católicos cristianos, pues esto fuese por acrecentamiento y gloria de la religión cristiana, ni venir a estas partes ninguno que no sea buen cristiano"

Esto representaba un mensaje bien claro para el mundo conocido, el gran almirante le estaba solicitando a la corona española la construcción de un **"faro"** que sirviera de base logística para controlar las fronteras. Desde ese momento, todo inmigrante que llegara a Santo Domingo, si no estaba alineado con la corona española tenía que ser deportado o eliminado.

Para mantener la isla bajo su dominio dependería de dos poderes: Primero el "poder político" y segundo; "el analfabetismo religioso". Por esa razón se alinearon con Pedro Santana, el primer presidente constitucional de la Republica Dominicana y por esa misma razón quemaban todas las biblias que llegaban a la parte este de la isla, pero nunca quemaban los cargamentos de vinos importados, porque saben muy bien que un ser humano controlado por el alcohol puede ser sometido fácilmente. Por esa misma razón el sistema educativo dominicano siempre ha tenido que estar controlado por los representantes de la corona Española. Por esa misma razón nunca ha sido negociable el control absoluto de la iglesia Constantiniana, en la secretaria y el departamento de "cultos"; para poder imponer sus dogmas donde mezclan el paganismo con el cristianismo, donde no se hace distinción entre lo santo y lo profano.

Esa ignominiosa burocracia es la que ha prevalecido en la Republica Dominicana hasta el día de hoy. Desde que los primeros "inmigrantes negros" llegaron a la isla que había sido bautizada con el nombre de la Hispaniola. La corona española representada por sus embajadores infiltrados en la iglesia católica romana, vio amenazada su "blancura" enfermiza, la supuesta superioridad de su raza y la increíble e inexplicable autenticidad de su religión. Por consiguiente se propusieron eliminar esa raza de la faz de la isla por razones culturales y por razones religiosas. Los afro-caribeños no profesaban la religión de los españoles ideada en Roma por Constantino. Muchos de ellos eran cristianos auténticos y otros tenían diferentes creencias.

Es por esa razón que mientras el patricio Juan Pablo Duarte estaba luchando contra la ocupación haitiana, era el niño "lindo" del clero católico. Pero cuando se opuso vehementemente a toda ocupación extranjera incluyendo a España, esos embajadores de los reyes católicos se matrimoniaron de nuevo con Pedro Santana para desterrar y excomulgar al patricio y de esta manera tener el camino libre para la nefasta anexión a España. En el contrato matrimonial entre Santana y el clero romano ambos contrayentes se juraron fidelidad hasta que la deslealtad los separara. Santana garantizaba la silla presidencial y el clero garantizaba un "vigilante" en cada esquina del palacio presidencial a fin de evitar la penetración de cualquier política contraria a los dictámenes de los reyes de España. En ese matrimonio no hubo intercambio de anillos, sino intercambio de poderes.

Ambos contrayentes han sido "fieles" el uno al otro. Si hacemos una profunda investigación vamos a encontrar esta gran verdad: Desde Pedro Santana hasta Danilo Medina siempre ha estado en el palacio nacional un representante de España. A través del clero y no solamente en el palacio presidencial sino en todas las instituciones fundamentales del estado dominicano como son: Las Fuerzas Armadas, La Policía Nacional y la Secretaria de Educación y Cultos. El concordato idealizado en 1844 llego a su feliz coronación el día 16 de junio de 1954 cuando aquel "monstruo" infernal conocido hasta ese momento como su Excelencia el Generalísimo Doctor Rafael Leónidas Trujillo Molina. Benefactor de la iglesia y de la patria y padre de la patria nueva en su papel de embajador plenipotenciario, viajó al vaticano para firmar un concordato con la iglesia católica, encabezada en esos momentos por el papa pio XII.

En ese contrato "legal" concertado entre la Republica Dominicana y el gobierno del vaticano se establecían las pautas y normas jurídicas y religiosas que regirían las relaciones entre los dos estados. Ambos firmantes sin "conciencia" y sin "espíritu cristiano" se alineaban con el dictador español Francisco Franco para ratificar en la isla de la Hispaniola, el sentido de pertenencia absoluta que proclamara Cristóbal Colon en 1495 cuando se adueñaron "ilícitamente" de las tierras y sometieron por la fuerza a los auténticos dueños y administradores. Este nefasto acuerdo constitucional hacia realidad el sueño de Don Cristóbal Colon, Francisco Bobadilla y Don Nicolás de Ovando. España ¡por fin! era legalmente dueña de la tierra y de la conciencia nacional.

Como Trujillo a través del concordato declaró a la Iglesia Católica "una sociedad perfecta". Todos los legisladores que han tratado de cuestionar o cambiar la "perfección" del concordato han sido eliminados del espectro político y social de la nación. Cuando en el año 1963 el profesor Juan Bosch introdujo reformas a la constitución dominicana donde afectaba los intereses de la iglesia católica española, fue víctima de críticas y su osadía culminó con el derrocamiento de su gobierno constitucional. Los discursos y los principios bíblicos predicados por el Dr. José Francisco Peña Gómez así como su ascendencia haitiana se convirtieron en el principal instrumento para que éste gran dominicano se fuera a la tumba con el anhelo de ser presidente de la Republica. En 1966 cuando el "espíritu" de Trujillo vuelve al poder a través de Joaquín Balaguer, se restablece la fuerza política y económica del concordato y a partir de ese momento La Iglesia Católica reafirma su autoridad "universal" y "perfecta" para decidir en el diseño y la ejecución de las políticas migratorias y muy especialmente la política de los misioneros extranjeros y los braceros haitianos. Por eso creemos que la decisión tomada por el tribunal constitucional aparentemente obedece a una presión de sectores racistas muy poderosos disfrazados de religiosos. Desde que se empezó a organizar la nación dominicana y hasta la proclamación de la constitución del 2010, el fervor religioso y el respeto por lo divino ha sido utilizado por las iglesias para la implementación de una especie de poder paralelo. Los representantes de Cristo en su gran mayoría han sido políticos disfrazados de pastores evangélicos y sacerdotes católicos.

Primero España y después Estados Unidos de Norte América, amparados en la ignorancia bíblica del pueblo dominicano, utilizan sus agentes para infiltrarlos en el contexto religioso a fin de ganar terreno en su afán de posesión territorial. Históricamente los artículos reglamentarios que componen la constitución de dominicana, han estado mezclados y subordinados a la combinación político-religiosa de las potencias extranjeras imperantes en el momento histórico. Cuando los líderes religiosos de todas las denominaciones han tenido que utilizar la fuerza de la fe para provocar decisiones razonables, muchas leyes constitucionales han tenido que ser revisadas y modificadas.

Los principios generales del derecho para poder cumplir con su función humanitaria, tienen que estar basados en tres principios fundamentales.

Primero: El principio civilista para tomar en cuenta los derechos humanos.

Segundo: El principio constitucional para poder tomar en cuenta los intereses nacionales, y el tercero y más importante es el principio bíblico el cual representa un ordenamiento normativo que otorga a todos los seres humanos la importancia que merecen.

Aunque algunos políticos engreídos digan que esa decisión es de carácter irrevocable, las iglesias tienen el poder y la autoridad para hacer razonar a los poderes del estado y decidan humanizar esa ignominiosa decisión. Cuando en el año 1963 el gobierno presidido por el profesor Juan Bosch, en su reforma a la constitución trato con los aspectos legales del concordato entre Trujillo y la iglesia constantiniana, empezó una revolución en los pulpitos que culminó con el derrocamiento de su gobierno constitucional y la revuelta cívica del 24 de Abril de 1965.

Más adelante el Dr. Joaquín Balaguer mezclando inteligentemente las dos potencias, restituyo el concordato a su estado original complaciendo a España y concediendo libertades a las fuerzas misioneras estadounidenses. Joaquín Balaguer les otorgo poderes indefinidos a todas las iglesias a fin de utilizarlas como instrumento de sustentación para sus planes reeleccionistas. En la historia moderna del país, ningún gobernante ha tenido la habilidad que demostró el genio de Navarrete para utilizar el poder de las iglesias como instrumento de sostén gubernamental.

Por su despacho presidencial cada día desfilaban misioneros protestantes, pastores evangélicos y más que todo; obispos y sacerdotes católicos, legado que ha continuado incólume hasta el día de hoy. Como conocedor y navegante en todas las corrientes del poder religioso tengo la suficiente autoridad para declarar esta gran realidad. Todas las iglesias han utilizado su influencia gubernamental de la época para solicitar concesiones personales y denominacionales en vez de utilizarlas para el establecimiento del Reino de Dios en esta nación. El clientelismo político ha invadido las iglesias y los ministerios. Los líderes religiosos en la Republica Dominicana han olvidado el propósito de su llamado. Jesucristo no edificó su iglesia para realizar una misión política sino para cumplir una misión profética.

La misión del profeta es hablar en nombre de Dios para reclamar justicia para los desposeídos. En la actualidad la gran mayoría de los pastores evangélicos, misioneros extranjeros y sacerdotes católicos tienen serios compromisos con los "arrogantes" que gobiernan este país. Los políticos les deben favores electorales a las iglesias. Por tanto, si se levanta un movimiento profético desde los pulpitos el gobierno y los legisladores van a temblar y el tribunal constitucional tendrá que modificar esa disposición dándole un espíritu más humanista. Estamos plenamente seguros que si la decisión tomada por ese tribunal afectara algunos intereses de las iglesias, todas estarían volcadas en las calles, exigiendo justicia.

Ese grupo religioso que representa al estado romano nunca le ha perdonado a los haitianos el haber traído la luz del evangelio de Cristo a esta parte de la isla.

En su libro titulado: <<*Superabundante Gracia*>> el Dr. Burleigh Willard, un hombre que le abrió su corazón a la obra del Espíritu Santo, de tal manera, que un día, abandonó su tierra natal, para ir a llevar el mensaje de redención a otras naciones, sufriendo las penurias de un inmigrante, un hombre que pasó por la amargura de enterrar a su amada esposa en una tierra extraña y que fuera uno de los profesores de teología más profundos que yo he tenido.

Al hablar de la revolución que produce el Espíritu Santo en la vida de la iglesia dice:

> *<<El cristiano lleno del Espíritu Santo, mostrará los frutos del Espíritu, tales como amor, gozo, paz, mansedumbre, compasión por los oprimidos y refugio a los desamparados y además de todo esto, el Espíritu Santo da dones y sensibilidad al alma*

> *santificada, para edificar la iglesia, equiparla y ponerla a soñar. >>*

¿Cuál debe ser nuestro sueño? Soñar con el día cuando llegue ese esplendoroso momento de la aplicación de la justicia. Donde un niño no tenga que vivir en un país al cuidado de un padre sustituto y sus verdaderos padres en otro país, porque una ley inhumana, cruel y anticristiana, le está negando, el legítimo derecho de vivir en familia, como Dios lo estableció".

Además de todo esto, Jesucristo dijo a sus discípulos estando con ellos en el Aposento Alto:

> <<*Más el consolador, el Espíritu Santo, a quien el padre enviará en mi nombre, Él os enseñara todas las cosas, y os recordará todo lo que yo os he dicho.* >> Juan 14:26.

Este es un tiempo donde el Espíritu Santo vendrá a esta generación de los últimos días y será derramado sobre toda carne. Este derramamiento del Espíritu Santo provocará que los hijos y las hijas profeticen, traerá sueños sobre los ancianos y permitirá que los jóvenes tengan visiones.

En otras palabras, el <<*paracleto*>> el Consolador, el Ayudador, depositará en la iglesia, una palabra de consuelo, para todos los afligidos y una palabra de juicio para aquellos que pisotean los mandamientos de <<YHVH-SABAOTH>>= *Jehová de los ejércitos*. Una iglesia llena del Espíritu Santo, es una iglesia sensible a la voluntad de Dios. Su conciencia está lista para responder al mandamiento del Supremo Creador. Una iglesia que esté lista para caminar unida y cobijada bajo la sombra simbólica del calvario y proclamar y reclamar que se firme un decreto de amnistía mundial. Donde todos los hijos e hijas de Dios, puedan al fin recibir la parte de la herencia que su padre preparó.

Si la iglesia ha de ser grande, porque le sirve a un Dios grande, esto tendrá que hacerse realidad.

Todos los seres humanos, de todos los colores y razas, fuimos creados por el mismo Dios.

Nadie quiere salir de su tierra. Todo aquel que emprende el camino de la emigración, es porque las circunstancias lo empujan a buscar una salida a su situación.

Jesucristo depositó en la iglesia, la gran comisión de crear un ambiente "filial" confortable, en cada nación el cual llene todas las expectativas humanas y elimine la fascinación de ausentarse de su tierra y abandonar la familia, muchas veces lanzándose a los mares y navegando en los ríos aventureros, los cuales nunca prometen un final seguro y confortable.

La mala distribución de las riquezas y de los recursos humanos, constituyen hoy por hoy, el eje central de este torbellino migratorio. Es por eso, que el papel de la iglesia es vital para la implementación de un sistema global, donde todos los que están trabajados y cargados puedan descansar y encontrar solución a sus problemas emocionales y espirituales.

Jesús vino a redimir al hombre y a la mujer, en su totalidad. Todas las heridas que Él recibió, en cada parte de su cuerpo, tenía la misión de redimirnos de todas nuestras aflicciones. En el libro de Isaías 53:4, el profeta lo describe con estas palabras:

> *<<El sufrimiento que Él padeció es el que a nosotros nos correspondía, nuestras penas eran las que lo agobiaron. Y nosotros pensábamos que sus tribulaciones eran castigo de Dios por sus propios pecados, ¡pero Él fue herido y maltratado por los pecados nuestros!>>*

¡Se le castigo para que nosotros tuviéramos paz, lo azotaron y nosotros fuimos sanados por su sufrimiento! Nosotros fuimos quienes nos extraviamos como ovejas, nosotros, quienes seguimos nuestro propio camino. ¡Pero Dios echo sobre Él la culpa y los pecados de cada uno de nosotros! Y después de tanto sufrimiento comprenderá por que fue necesaria su obediencia y su intercesión.

Porque fue mediante su sufrimiento y por haber llevado sobre si el pecado de muchos que mi siervo hará que ellos sean declarados *inocentes* y aceptados por Dios.

Por lo tanto, yo le daré como premio toda la honra y todo poder.

¿QUE ES LA IGLESIA?

A medida que avanza el tiempo, la iglesia ha ido perdiendo su verdadera esencia, debido a la forma de interpretación particular y acomodativa, de los mandamientos del Altísimo que han adoptado muchos creyentes.

Pero, la verdadera iglesia que se inició con la dispensación del Espíritu Santo, el día de Pentecostés, trasciende con su mensaje a través de las edades, como un conjunto de hombres y mujeres llamados a seguir las pisadas del maestro.

Cuando la biblia se refiere a la iglesia, palabra que proviene de la proposición griega <<EK>>=fuera de>> y del verbo griego <<KALEO= <<llamar>> es decir que todos aquellos que por la gracia de Jesucristo y por la guianza del Espíritu Santo componen la <<EKLESIA>> (los llamados fuera), han sido llamados fuera de su situación para ser instrumentos en las manos de Dios para redimir al mundo, utilizando los dones del Espíritu Santo para proclamar el mensaje de redención con sus palabras y con sus obras.

La iglesia que se mantiene fiel a los principios y propósitos de Jesucristo, será instrumento útil en el cumplimiento de la gran comisión.

CAPITULO 9

JESUCRISTO SE HIZO MIGRANTE PARA REDIMIR EL DOLOR DE LOS INMIGRANTES

En el evangelio de Mateo, la vida, la familia, el pasado, y el ministerio de Jesucristo, aparecen cubiertos con un manto de emigración y redención. Por consiguiente, Perseguir y maltratar a los inmigrantes de cualquier nacionalidad y donde quiera que se encuentren en el mundo, es maltratar y perseguir a Cristo. Si alguien no ha logrado entender este misterio racial, la Palabra de Dios lo revela en el evangelio de Mateo capitulo uno.

Cuando el evangelista describe el árbol genealógico de Jesús, a diferencia de otras genealogías tanto en su orden como en su contenido, algunos nombres fueron omitidos y otros fueron afirmados, de manera que los historiadores de todas las edades entendieran la diversidad de los antepasados de la parte humana, de la persona << *teantrópica*>> (Divino-humana, perfecto Dios y perfecto hombre) del Mesías redentor de la raza humana.

Para que la obra de redención fuera universal y perfecta, su árbol genealógico tenía que alimentarse, sostenerse y crecer de varias raíces, las cuales se compenetraran de tal manera, que llegaran a convertirse en una sola savia, que alimentara el árbol y produjera un solo fruto.

Otro aspecto muy importante en la genealogía de Jesús, descrita por Mateo y enviada a la comunidad Judía, constituye el hecho de que en la antigüedad, a las mujeres no se les mencionaba en la lista de los antepasados de una persona.

Pero, con un propósito muy bien definido, en este evangelio aparece el nombre de cuatro mujeres: Tamar, Rahab, Rut y la esposa de Urías y madre del Rey Salomón conocida como Betsabe. Llama poderosamente la atención, la realidad, de que tres de ellas eran gentiles y la otra era esposa de un gentil, evidenciando con esto, la diversidad de razas que se consumaría en la naturaleza del Mesías:

Es impresionante que se omitan los nombres de mujeres como **Sara, Rebeca, Lea y Raquel**, matriarcas prominentes del pueblo judío y se resalte en cambio el nombre de mujeres gentiles.

Otro aspecto muy importante que podemos destacar, es que, la confirmación de la naturaleza y el oficio sacerdotal, profético y real del santo ser que había nacido, no fue declarado por descendientes de Abraham, Isaac o Jacob, sino por sabios que vinieron del oriente.

Esto certificaba proféticamente, que aun con su nacimiento en el pesebre, Jesús empezó su obra redentora que abarcaría toda la raza humana. Indicando que desde ese momento, el curso de la historia iba a cambiar.

El mensaje redentor, empezó a sonar desde aquel lugar humilde en Belén, en la forma como los ángeles dieron el anuncio, a los asombrados pastores. Lucas 2:8-14

Por aquella misma región había unos pastores que pasaban la noche en el campo cuidando sus ovejas. De pronto, un ángel del Señor se les apareció y la gloria del Señor brilló y los envolvió. Los pastores se llenaron de miedo. Pero el ángel les dijo:

> *<<¡No tengan miedo! Les traigo buenas noticias que van a llenar de alegría a todo el pueblo: "Hoy ha nacido, en la ciudad de David, su Salvador, que es Cristo el Señor. Se darán cuenta de que es El, porque lo encontraran envuelto en pañales y acostado en un*

> *pesebre. De repente aparecieron muchos ángeles del cielo que alababan a Dios y decían: "Gloria a Dios en las alturas, y paz en la tierra para los que gozan de su buena voluntad">>*

Cristo el Señor, vino a anular la sentencia de muerte, enfermedad, división y dolor, que cubría toda la creación. La crisis por la cual atraviesa el género humano, en el entorno físico, emocional y espiritual, son consecuencias del pecado.

¿Por qué vemos tanta maldad en el mundo de hoy? Todo es el resultado del pecado que habita en el corazón de los seres humanos. El pecado trajo maldición sobre la creación, incluyendo la tierra y el universo. El escritor del libro de Génesis en el capítulo 3:16-19 hace referencia a la sentencia que fue pronunciada por el juez de toda la tierra:

> *<<Luego Dios le dijo a la mujer: Haré que sufras bastante durante tus embarazos y que al tener tus hijos sientas mucho dolor. Y a pesar de eso, seguirás deseando a tu marido, y el tendrá dominio sobre ti.*
>
> *Después Dios le dijo al hombre: La tierra estará bajo maldición por tu culpa, pues le hiciste caso a tu mujer y comiste del fruto que te prohibí. Por eso, de aquí en adelante tendrás que trabajar muy duro para conseguir tu alimento. La tierra te producirá espinas y cardos, y tendrás que comer plantas silvestres. Para obtener tu alimento tendrás que trabajar mucho, hasta el día de tu muerte. Y dijo Dios: Ahora el ser humano es como uno de nosotros, pues sabe lo que es bueno y lo es malo, no conviene que tome del fruto del árbol de la vida y viva para siempre".*
>
> *Entonces Dios el Señor expulsó al hombre y a la mujer del Jardín del Edén, y puso al hombre a que*

> *trabajara la tierra de la cual fue hecho. Después de haber expulsado al hombre y a la mujer, Dios puso al oriente del Jardín de Edén a los querubines, y una espada encendida que giraba en todas las direcciones, para evitar que nadie pudiera llegar hasta el Árbol de la Vida.* >>

Esta sentencia que decreto la primera emigración fue la razón por la que el mismo Dios, se hizo carne, para poder ser el precio del rescate y pagar lo que se requería, para la anulación de esa terrible sentencia. La biblia dice que: El hijo del hombre, o sea, Cristo, vino a buscar y a salvar todo lo que se había perdido.

Aquella ley que había en contra de nosotros, escrita en el acta de los decretos y que nos era contraria, fue anulada, quitada de en medio y clavada en la cruz.

Es decir, toda prueba acusatoria que había en contra de nosotros, fue anulada, por medio del sacrificio de Cristo en la cruz. Jesús vino como un perfecto ser humano a la tierra, ¡vino como nuestro pariente! para poder ser nuestro pariente redentor.

Nuestro <<*goel*>> la palabra goel significa <<*redimir*>>, o <<*comprar de nuevo*>>.

El goel o pariente redentor lo encontramos por primera vez en el libro de Levítico capítulo 25. Y era una provisión muy humana contenida en la ley de Moisés y escrita para beneficiar y abogar por aquellas personas pobres que por alguna razón, motivo o circunstancia, eran obligados a vender sus bienes o, en la más triste de las situaciones, tenían que llegar, incluso, a tener que ofrecerse ellos mismos como esclavos.

Pero esa situación no tenía que ser para siempre, porque en cualquier momento podía aparecer un <<*goel*>>, un redentor. Pero ese redentor no podía ser cualquier persona de solvencia económica, que sintiera compasión y quisiera redimirlo.

Tenía que ser el pariente más cercano. Esto incluía, si alguna persona era asesinada, el <<*goel*>> podía actuar como el vengador de la sangre y perseguidor del asesino. En el libro de Levítico 25:47:

> <<*Si un inmigrante o extranjero que vive en Israel se enriquece, y un Israelita empobrece y se vende como esclavo al extranjero, o a la familia del extranjero, podrá ser redimido por uno de sus hermanos, por su tío, su sobrino, o cualquier pariente cercano*>>.

También puede redimirse a sí mismo, si reúne el dinero. Booz, pariente legal de Rut, por ser pariente sanguíneo de su esposo Majlon. Actuó de acuerdo a la ley del pariente redentor y casándose con Rut, el humilde inmigrante, preparó el camino para la redención del dolor y el rechazo de ser extranjero.

En su parte humana, nuestro Señor Jesucristo, desciende del linaje que fue formado con aquella hermosa unión. Cuando el verbo se hizo carne y habitó entre nosotros, Él se hizo como uno de nosotros, llevando sobre su naturaleza, el triste drama de la condición humana y así pagar el precio de nuestro rescate, para que todos pudiéramos recibir una misma herencia.

El hijo de David, tuvo misericordia de nosotros, convirtiéndose en nuestro pariente, para tener el derecho de pagar el precio de nuestra redención. Así que, convenía que Dios, quien todo lo creo para gloria suya, permitiera los sufrimientos de su unigénito hijo para que de esa manera pudiera llevar a la gloria a muchos hijos. Tanto Jesús, que nos redime, como nosotros, que somos los redimidos, tenemos un mismo <<*ORIGEN*>>.

Por ello, Jesús no se avergüenza de llamarlos hermanos, cuando dice: "*Hablaré de ti a mis hermanos y juntos te cantaremos alabanzas*" y en otra parte dice: "*confiaré en Dios*". Y añade: "*aquí estoy, con los hijos que Dios me ha dado*".

Por consiguiente, ya que los hijos de Dios son de carne y hueso, Jesús también compartió esa misma naturaleza de carne y hueso, para así anular, por medio de su muerte, al que tiene el dominio de la muerte, al diablo, y poder redimir a los que vivían siempre en esclavitud por temor a la muerte.

Sabemos que Él no vino para rescatar a los ángeles sino a los descendientes de Abraham. Por eso era necesario que en todo fuera semejante a sus hermanos, pues solo así podía ser un <<*goel*>> o pariente redentor perfecto, fiel y misericordioso delante de Dios con el propósito de pagar la deuda de sus hermanos.

Y ya que Él sufrió el dolor, puede ahora ayudar a los que viven en dolor. El apóstol Juan dice en su evangelio, que a todos los que reciben a Cristo, se les otorga el derecho, o la legalización de ser hechos hijos e hijas de Dios, en el propósito eterno del Padre.

En el monte calvario, todas las familias de la tierra se unieron en una sola sangre, Cristo vino a ser pariente de toda la raza humana, para poder ser el <<*Goel*>> pariente emancipador que todos necesitamos.

La iglesia es el cuerpo de Cristo y si Cristo y la iglesia forman un cuerpo del cual son parte todas las razas, por consiguiente, la iglesia es pariente de todos los humanos y tiene el deber y el derecho de actuar como <<*Goel*>> pariente redentor.

Si Jesús no se avergüenza de llamarnos hermanos, ¿Por qué muchas iglesias se avergüenzan de llamar a los ***indocumentados*** hermanos? ¿Por qué muchas iglesias prohíben a los ***indocumentados*** ocupar posiciones dentro del ministerio? ¿Por qué hay tanta segregación dentro del llamado pueblo de Dios?

Este es un tiempo para predicar un mensaje de ***amor, aceptación y perdón***. Como está escrito:

> *<<Los hijos de Dios son los que se dejan guiar por el Espíritu de Dios. Y nosotros no recibimos un espíritu que nos haga esclavos del miedo; recibimos el Espíritu que nos adoptó como hijos de Dios y que nos da la autoridad para clamar: "Padre, Padre" porque el Espíritu mismo le asegura a nuestro espíritu que somos hijos de Dios. Y si somos hijos, somos herederos: herederos de Dios y coherederos junto con Cristo. Pero si compartimos su gloria, también hemos de participar de sus sufrimientos. >>*

Sin embargo, hay que dejar saber a nuestros hermanos inmigrantes, que los sufrimientos del presente no tienen comparación con la gloria que se nos dará después; pues la creación aguarda con ansiedad el día en que se manifieste ante todos, que nosotros los indocumentados también somos hijos de Dios, ya que la creación fue sometida a frustración.

Eso no sucedió por su propia voluntad, sino que sucedió por la voluntad de Dios que así lo dispuso. Pero lo hizo con la confianza de que la creación será liberada de la corrupción y la discriminación a la que está sujeta. Así compartirá la gloriosa libertad de los hijos de Dios.

La situación migratoria que estamos viviendo ahora, es un gemir de la creación como si fuera a dar a luz. Y no solo gime ella, sino que también nosotros, que tenemos las primicias del Espíritu, gemimos en nuestro interior mientras esperamos ansiosamente el día de nuestra redención, es decir, el día cuando nuestros cuerpos sean liberados. Y esa es la esperanza por la cual fuimos salvos.

Esperar lo que se puede ver no es esperanza. Si uno ya tiene lo que espera, no tiene que esperarlo más. Pero mantenernos esperando de Dios lo que todavía no se ha manifestado nos enseña a tener paciencia. En nombre de Cristo, tenemos que decirles a todos los inmigrantes que sufren: ¡Que no dejen de soñar! Porque como dijo el Rev. Martin Luther King Jr.: <<Ahora es el momento de hacer de la justicia una realidad para todos los hijos de Dios. >> ¡Que no pierda la fe y la esperanza! porque en la iglesia, tienen un "Goel" pariente redentor. Que reúne las condiciones necesarias, para pagar el precio de la redención.

¿Qué hacia el pariente redentor?

Cuando una persona empobrecía y tenía la necesidad de vender su propiedad o venderse a sí mismo y su familia como esclavo, entonces el pariente más cercano, podía venir y redimir o comprar de nuevo lo que su pariente había perdido.

Según la ley de Moisés, para ser un <<Goel>> pariente redentor, era necesario cumplir con tres requisitos:

1. Ser un pariente sanguíneo

2. Tener la disposición de hacerlo
3. Estar en la capacidad de hacerlo. Es decir, que el redentor, tenía que tener la disposición de sacrificarse y pagar completamente el precio del rescate.

La iglesia no puede declinar su obligación de actuar en este tiempo en defensa de aquellos parientes por la sangre del Cordero, que han perdido, o por necesidad han tenido que negociar su libertad, su economía, su posición social y muchas veces, hasta su dignidad.

Así como hizo Booz, que se sentó en la puerta de la ciudad y tomó la valiente decisión de redimir a Rut. La iglesia tiene que pararse valientemente en la puerta del departamento legislativo de cada ciudad y de cada nación para ofrecer el precio por el rescate de sus hermanos. Sin distinción de raza, pueblo o nación.

La crisis que nos ha tocado vivir a nivel global, no es una coincidencia, es una <<***Dioscidencia***>>. Así como Dios permitió una gran hambruna en el pueblo de Belén, la cual provocó que Elimelec y su esposa Noemí tuvieran que emigrar hacia Moab. Y esa tierra sus hijos se casaron con dos mujeres extranjeras, rompiendo con el estigma del racismo. Así mismo, la iglesia de hoy está siendo desafiada, en medio de esta gran crisis, a tomar la autoridad y asumir su papel protagónico; en la destrucción de paradigmas éticos equivocados, acerca de las migraciones, creados por los poderosos a través de los tiempos.

¡ES TIEMPO DE DECISIÓN!

ES TIEMPO DE QUE TODOS DIGAMOS COMO RUT: <<*TU PUEBLO Será MI PUEBLO Y TU DIOS Será MI DIOS*>>

Por eso Jesús en su oración intercesora dijo:

> <<*He realizado la obra que el Padre me encomendó y ahora, Yo los envió a ustedes al mundo.*

> *Les doy la palabra de autoridad y les entregó las llaves, la cual tiene poder para abrir todas las puertas. Con esas llaves pueden entrar, aun a los castillos de los poderosos, tienen la autoridad de atar y desatar.*>> Mateo 16:19.

Jesús tenía que depositar una palabra en el corazón de sus discípulos. Se acercaba el momento culminante del calvario y el Divino Mesías necesitaba un tiempo a solas con ellos. Por eso se dirigió a la región de Cesarea de Filipo. Para llegar hasta esa región, tenían que cruzar la frontera del territorio dominado por Herodes Antipas. Cesarea de Filipo estaba ubicada a unos treinta y nueve kilómetros al Nordeste del Mar de Galilea. Este era un territorio habitado primordialmente por inmigrantes gentiles. Fue en aquella ciudad de inmigrantes donde Jesús abrió el arca de la revelación para desvelar a sus discípulos, un secreto del reino, que había sido reservado para esa hora crucial de la historia. En ese día los discípulos recibirían la revelación de quien era Cristo y como sería su iglesia; como serían sus seguidores y que tenían que hacer. La iglesia que ellos estaban construyendo, estaría cimentada sobre la roca inconmovible de los siglos y recibirían las llaves de David para avanzar sin temor. Abriendo todas las puertas para que los encarcelados y oprimidos por el pecado, al fin pudieran ser libres. Allí, en Cesarea de Filipo, en una ciudad de esclavos, en una ciudad donde Satanás tenía un trono. Conocida también como <<*baal-gad*>>, en honor a un dios pagano y en cuyo honor los Romanos y los Helénicos edificaron muchos templos. Esta ciudad en un tiempo se le llamó <<*Paneas*>> en honor al dios Griego pan- El dios del miedo del miedo. En la mitología Griega era un dios que infundía miedo, porque su figura era mitad hombre y mitad cabra; de su nombre <<*pan*>> proviene la palabra <<*pánico*>>. Este era un dios territorialmente irascible, porque según la mitología, vivía espantando a todos los que penetraban en sus terrenos. Un pánico muy parecido al que sufren los migrantes, cuando tienen que cruzar las fronteras territoriales de varios países. Allí, en aquella región, habitada por inmigrantes que caminaban con pánico al imperialismo; estaba al Gran Yo Soy, diciéndoles a sus discípulos:

> *¡Yo soy! ¡El que tiene la llave de David, el que abre y ninguno cierra y cierra y ninguno abre! Yo tengo las llaves que abre todas las puertas y se las entregó a ustedes. Con esta llave, ningún poder terrenal los puede detener. Les estoy entregando mi autoridad. Lo que autoricen en la tierra, será autorizado en los cielos. Lo que ustedes desautoricen en la tierra, será desautorizado en los cielos y ninguna autoridad podrá prevalecer contra las demandas de ustedes.>>*

En esta declaración, Jesús no estaba enviando a los discípulos a protestar, sino que los estaba autorizando a decretar y a establecer. Conociendo que el reino de los cielos no consiste en palabras, sino en poder.

Las leyes migratorias en todo el mundo, solo serán enmendadas y normalizadas, cuando la iglesia tome las llaves en sus manos y llegue a los castillos de los poderosos a ordenar en el nombre de Jesús, que se humanicen los reglamentos vigentes.

No podemos seguir actuando con la indiferencia y la timidez que hemos caminado hasta ahora. El respeto a las leyes de los gobernantes terrenales, no significa, que no podemos levantar nuestra voz de protesta, en oposición de legislaciones adversas a lo establecido en la ley del Dios Supremo y Juez de toda la tierra, Rey de reyes y Señor de señores.

Como ciudadanos de una nación, los cristianos, tenemos los derechos constitucionales de estar en desacuerdo, con leyes arbitrarias y discriminatorias, las cuales no contienen un espíritu filantrópico.

Como profetas del Altísimo, tenemos que unirnos para denunciar ante los gobernantes racistas. ¡Que no vamos a votar por gobernantes que apoyen y promulguen leyes discriminatorias y que sí vamos a votar, por aquéllos que estén dispuestos a cambiar leyes obsoletas y poner en vigencia, leyes objetivas y pragmáticas! ¡Y someteremos propuestas con proyectos de leyes inclusivas de las sensibilidades a las necesidades de la comunidad inmigrante!

Sabemos, que la solución a todos los problemas de la vida, incluyendo los problemas migratorios, solamente vendrá, cuando los hombres y las mujeres, lleguen a tener un encuentro personal con el Cristo Redentor.

> *Pero, <<¿Cómo, pues, invocarán a aquel en el cual no han creído? ¿Y cómo creerán a aquel de quien no han oído? ¿Y cómo oirán sin haber quien les predique? ¿Y cómo predicaran si no fueren enviados? Como está escrito: ¡Cuan hermosos son los pies de los que anuncian el evangelio de la paz, de los que anuncian el evangelio de los bienes!* >>Romanos 10:14-15.

¡Hermanos! Es tiempo de abandonar el área de la contemplación y pararnos firmes, frente a las autoridades locales y nacionales y proclamar las verdades bíblicas con valentía, en representación de una comunidad sufriente y desamparada.

En Mateo 16:18-19, Jesús establece la posición de la iglesia verdadera, con la siguiente declaración.

> *<<Pues yo te digo que tú eres Pedro y sobre esta piedra construiré mi iglesia, y el imperio de la muerte no la vencerá. A ti te daré las llaves del Reino de los Cielos; lo que ates en la tierra quedará atado en el cielo; lo que desates en la tierra quedará desatado en el cielo.>>*

Era una forma de decir: <<*Todo lo que ustedes prohíban en la tierra será prohibido en el cielo y todo lo que ustedes permitan en la tierra será permitido el cielo*>>. La iglesia de Jesucristo tiene que prohibir, que se continúe maltratando y mintiéndole al inocente, en nombre de la ley y usando los derechos constitucionales, como si fueran solo un pedazo de papel.

Yo no sé si la iglesia a través de los siglos ha entendido la autoridad que le fue conferida por el dueño y creador de todo, la roca sobre la cual está fundada la iglesia, representa autoridad y eternidad. Así como también representa dominio total y absoluto en el mundo espiritual y una influencia poderosa, en el desarrollo y la implementación de las leyes naturales y humanas en todos sus aspectos.

Para que los discípulos pudieran entender mejor lo que es la autoridad, Jesús utilizó la metáfora de las <<*LLAVES.*>>

La palabra <<*llave*>> viene del latín <<*clavis*>> y es un instrumento que se construye con la finalidad de **activar o desactivar** el mecanismo que **abre o cierra** un pasador. También se relaciona con el término <<*clave*>> o medio para quitar cualquier estorbo que se esté oponiendo en la consecución de un fin anhelado. También se hace referencia a la palabra <*llave*> para designar el medio que se utiliza para descubrir las cosas ocultas.

Cuando tú recibes una llave, tú necesitas determinación para poder usarla, y la iglesia necesita verdaderamente mucha determinación para poder actuar como autentica representante del reino de los cielos.

En este sentido la iglesia representa la voz de Cristo en la reclamación de los derechos que tiene todo ser humano como criaturas y como hijos e hijas de Dios. Por eso, le entregó las llaves para abrir los aspectos escondidos en el más profundo de la ley.

Millones de inmigrantes en todo el mundo, encuentran cautivos en prisiones de soledad, abandono y decepción y nosotros tenemos que quebrantar esas fortalezas, en el nombre de nuestro Dios, porque el Señor, el Altísimo es imponente, es el gran Rey de toda la tierra. Él puede subyugar a las naciones ante nosotros, poniendo a nuestros enemigos bajo nuestros pies.

<<*Atar*>> y <<*desatar*>> eran términos utilizados por los rabinos y significan, <<*prohibir y permitir*>> o <<*también obligar y desligar*>> En tiempos de Jesús y desde muchos siglos atrás, la puerta era el lugar, donde la corte suprema de justicia

celebraba su asamblea, para escribir, interpretar y aplicar las leyes (Deuteronomio 21:19)

La ley que fue dada en el Sinaí, contenía el espíritu de regular la conducta de los seres humanos y la implementación de un sistema igualitario para todos, sin distinción de sexo, raza o color.

La Ley dada a Moisés contenía un capitulo para regular cada aspecto de la vida humana, incluyendo el derecho a la tierra. Pero hubo un momento durante la implementación de esas leyes, donde un grupo de mujeres, las cuales se dedicaron a estudiar profundamente la letra y el espíritu de una ley, y descubrieron ciertos detalles que no se encontraban bien explícitos, y que a su parecer eran injustos y discriminatorios en contra de la mujer, ya que las leyes de la herencia de las tierras, solo beneficiaban a los hijos varones.

Maala, Noa, Hogla, Milca y Tirsa, se revistieron de valor, y en un momento de determinación, tomaron las llaves del <<*derecho paterno*>> y vinieron un día bien temprano al campamento del Tabernáculo y pidieron una audiencia a la suprema corte de Israel, dirigida por Moisés, para reclamar la tierra que le pertenecía.

La ley de la herencia que estaba en manos de los legisladores, en los días de Moisés, a la letra decía: <<*Todo hombre que muriera sin tener hijos varones, el tal sería quitado de la familia de Israel.*>> Es decir que en esta legislación, las mujeres eran excluidas de la herencia paterna (Números 27:2-11).

Estando allí, frente al centro supremo, político y religioso del pueblo, valientemente usaron las llaves de su autoridad y expusieron delante de Moisés la situación, lanzando un grito que llegó hasta el mismo trono de Jehová Nissi, quien es nuestra bandera y el juez de toda la tierra. Ellas dijeron:

> <<*Nuestro padre murió en el desierto y no fue de los que murieron en la rebelión de Core contra el Señor. Murió de muerte natural, sin dejar hijos varones. ¿Por qué ha de desaparecer el nombre de nuestro*

> *padre por el hecho de no haber tenido ningún hijo varón? Nosotras creemos que debiéramos tener una propiedad al igual que los descendientes de los hermanos de nuestro padre.*

Moisés presentó el caso delante de Jehovah, y Jehovah le respondió: *Las hijas de Zelofejad tienen razón: Dales una heredad junto a sus tíos. Dales la propiedad que hubiera correspondido al padre de ellas si hubiera vivido. Que desde hoy, esta ley sea entre ustedes. Si un hombre muere y no tiene hijos, la herencia pasará a las hijas. Y si no tiene ninguna hija, pertenecerá a sus hermanos. Si no tiene hermanos, pasará a sus tíos. Y si no tiene tíos, pasará al pariente más cercano>>.*

Fue el mismo Dios que había dictado la ley, que le dijo a Moisés, que aquella reclamación tenía sentido y legalidad. Dios aprobó una enmienda en aquella constitución de Israel.

Como podemos ver en esta historia, la valentía de estas mujeres incidió para que el enfoque de la ley, cambiara para siempre.

La iglesia no debe permitir, que el enfoque racista de las leyes migratorias, esté por encima del enfoque profético que debe tener esta espiral migratoria.

El profeta Daniel en el capítulo 12:4 visualizó para los últimos tiempos, lo que está sucediendo en la primera década del siglo XXI, donde según las estadísticas, hay alrededor de 214 millones de seres humanos que viven fuera del país que los vio nacer.

Son tiempos de cumplimiento profético y cuando un tiempo señalado por el eterno Dios tiene su cumplimiento, el curso de la historia experimenta un cambio dramático.

Y como los tiempos fueron hechos por causa del hombre, los tiempos cambian para traer al hombre, un mensaje de transformación. Jesús dijo que Dios usa los cambios en el mundo y en el universo, para anunciar a la humanidad entera, que es tiempo de volverse a Dios y que solo Él tiene la respuesta a todas sus interrogantes y la solución a todos los problemas.

La difícil situación por la que atraviesa el mundo, le está anunciando a la iglesia de Jesucristo, que es el momento de asumir su papel redentor, siendo la sal que produce restauración y transformación a una tierra enferma y contaminada por el pecado. Génesis 38:6; Josué 2:1; Rut 1:4.

El en libro de Mateo 25:31. Jesús dice:

> *<<Cuando yo, el Hijo del hombre, venga en todo mi esplendor junto con los ángeles, me sentaré en mi trono de gloria y las naciones se reunirán delante de mí. Y las separaré como el pastor separa las ovejas de los cabritos. A mis ovejas las pondré a la mano derecha; a los cabritos, a la izquierda. Entonces yo, el Rey, diré a los de mi derecha: Vengan, benditos de mi padre. Entren al reino que está preparado para ustedes desde la fundación del mundo, porque tuve hambre y me dieron de comer; tuve sed y me dieron de beber; fui forastero y me alojaron en sus casas; estuve desnudo y me vistieron; enfermo y en prisión, y me visitaron". Y los justos me preguntaran me preguntaran: "Señor, ¿Cuándo te vimos con hambre y te alimentamos, o sediento y te dimos de beber?*
>
> *¿Cuándo te vimos forastero y te alojamos en casa, o desnudo y te vestimos? ¿Y cuándo te vimos enfermo o en prisión y te visitamos? Entonces, Yo, el Rey, les responderé: "Todo lo que hicieron a mis hermanos necesitados a mí me lo hicieron". Entonces me volveré a los de la izquierda y les diré: "! Apártense de mí, malditos, al fuego eterno preparado para el diablo y sus demonios!. Porque tuve hambre y no me alimentaron; sed y no me dieron de beber; cuando fui forastero, me negaron hospitalidad; estuve desnudo y no me vistieron; enfermo y en prisión, y no me visitaron. Entonces, Ellos responderán: "Señor, ¿Cuándo te vimos hambriento, sediento, forastero,*

> *desnudo, enfermo o en prisión y no te ayudamos?" Y les responderé: "Cada vez que se negaron a ayudar a uno de mis hermanos necesitados, se estaban negando a ayudarme. Irán, por tanto al castigo eterno, mientras que los justos entraran a la vida eterna>>.*

Estas palabras que vienen de la cabeza de la iglesia, le están diciendo a todo el cuerpo, que es tiempo de dejar a un lado la indecisión. Dios puso en nosotros una voluntad y esa voluntad es el ente que controla nuestras decisiones. Dios nos creó con la voluntad de tomar decisiones.

Nos creó libres y con la capacidad de cambiar nuestras circunstancias. Los conceptos torcidos de muchas organizaciones religiosas, han llevado a muchos líderes eclesiásticos a vivir en la isla de la intimidación y la indecisión.

Muchos han llegado al extremo de no usar los dones y talentos de muchos ministros, por la desgracia de no tener sus documentos en el orden establecido por los países ciegos a la palabra de Dios. Todos sabemos, que el precio de la indecisión es muy alto. La indecisión paraliza a las personas y a las instituciones. La indecisión provoca que la situación continúe agravándose.

En la psicología de la conducta, la indecisión, conduce a las personas a la incapacidad de evaluar cualquier situación o circunstancia en la cual es necesario tomar una determinación o elegir un camino entre varios caminos, que requieren adoptar una decisión.

Y esta condición, es un síntoma que se vive en este tiempo dentro del pueblo de Dios, quizás por el miedo a perder algo o alguien. Yo he aprendido en este camino de la fe, que para tomar una decisión, necesitamos una motivación y en este momento yo quiero sembrar en tu corazón una semilla de motivación.

Quiero que pienses, en los millones de hermanos y hermanas, que cada día arriesgan sus vidas; cruzando desiertos, atravesando mares y ríos, para obtener la libertad de sus hijos y sus familias.

Quiero que reflexiones en los millones y millones de personas que han emigrado desde países donde ondea la bandera del socialismo, la dictadura, el hambre y la miseria, y que están implorando con vehemencia a los ciudadanos de las naciones libres- ¡y que son sus hermanos en Cristo!- a que no permitan, que la libertad y la felicidad parcial que viven aquí les sean quitados.

Quiero que tornen su mirada, y observen las caritas inocentes de esos niños pequeños, los cuales están confiando en nosotros para hacer lo correcto en favor de ellos. La sangre de todas las naciones se mezcló en las venas del mesías para venir a ser el redentor de todos. Por tanto la iglesia redimida tiene una composición única que une todas las razas, tanto judíos como gentiles y por consiguiente todos somos parientes.

Al llegar al fin de su ministerio terrenal, sabiendo que la hora de la consumación de la redención integral había llegado, el Señor se reunió con sus discípulos en el Aposento Alto, después de la cena, donde les enseñó acerca del Nuevo Pacto que sería sellado con su sangre.

Jesús hizo una petición al Padre celestial, que eliminaría de una vez y para siempre, el abismo de separación que se formó con la entrada del pecado a la raza humana.

En su oración intercesora, Jesucristo clamó a su padre a favor de sus amados discípulos y de todos los que creerían en Él por el ministerio de ellos. Clamo al Padre de la humanidad con estas palabras:

> *<<Padre, ha llegado la hora. Glorifica a tu Hijo, para que tu hijo te glorifique a ti. Ya que le has dado autoridad sobre todos los hombres para que de vida eterna a cuantos le has confiado. Yo te he dado gloria en la tierra cumpliendo la tarea que me encargaste hacer. Ahora tú, Padre, dame gloria junto a Ti, la gloria que tenía junto a Ti,*

> *antes de que hubiera mundo. Las palabras que Tú me comunicaste yo se las comuniqué; ellos las recibieron y comprendieron realmente que vine de Tú parte, y han creído que Tú me enviaste. Yo ruego por ellos; no ruego por el mundo, sino por los que me has confiado, pues son tuyos. Todo lo mío es tuyo y lo tuyo es mío: En ellos se revela mi gloria. Ya no estoy en el mundo, mientras que ellos están en el mundo; yo voy hacia Ti, Padre Santo, cuida en Tu nombre, a los que me diste, "para que sean uno como nosotros".*
>
> *No pido que los saques del mundo, sino que los libres del maligno. No son del mundo, igual que yo no soy del mundo.*
>
> *Conságralos con la verdad: tu palabra es verdad. "Como tú me enviaste al mundo, yo los envió al mundo". No solo ruego por ellos, sino también por los que han de creer en mí por medio de sus palabras. Te ruego que todos sean uno, como Tú, Padre, estas en mí y Yo en Ti; que también ellos sean uno en Nosotros, para que el mundo crea que Tú me enviaste. Yo les he dado la gloria que Tú me diste para que sean uno como nosotros somos uno.*
>
> *Yo en ellos y Tú en mí, para que sean plenamente uno; para que el mundo conozca que Tú me enviaste y los amaste como me amaste a Mí les di a conocer Tu nombre y se lo daré a conocer, para que el amor con que Tú me amaste este en ellos, y Yo en ellos>>.*

En esta sublime oración, de Jesús está estableciendo y proclamando, la unidad **perfecta** que se concretó en el Calvario. <<*Para que todos sean uno; como Tú, oh Padre, en mí, y Yo en Ti, que también ellos sean uno en Nosotros; para que el mundo crea que* *tú me enviaste.>>* ¡Hermanos! No hay poder en la tierra que no se conmueva ante el valiente clamor de una iglesia ungida, y unida, intercediendo por los oprimidos.

Estos son tiempos de cumplimiento profético y las temporadas de cumplimiento profético, establecen la oportunidad de ejecutar lo imposible.

Tiempos de caminar por encima de los razonamientos y sentimientos humanos. Tiempos de unir lo tuyo y lo mío y convertirlo en lo nuestro.

Tiempos de abrir las puertas de nuestros templos y convertirlos en embajadas del reino de los cielos; donde los refugiados puedan venir a escuchar, y allí recibir palabras de esperanza, en medio de la persecución injusta por la que están atravesando.

Que sepan y entiendan que el Señor está al lado de los quebrantados de corazón, y salva a los abatidos de espíritu. ¡Que no tengan miedo! Que el Señor está con nosotros, que no se desanimen, que Jehová es nuestro Dios. Él es quien nos da fuerzas y el que siempre nos ayudará. Mientras caminamos por el túnel de la desesperación y la soledad, El Señor nos mira atentamente. Por tanto debemos confiar en su misericordia, la cual enciende siempre una luz al final del camino.

En esos momentos difíciles, cuando no tenemos fuerzas, el Espíritu nos ayuda en nuestra debilidad y por su compasión, intercede por nosotros con gemidos indecibles, para que tomemos la espada del Espíritu que es la Palabra de Dios y podamos vencer al tirano.

El dolor de nuestros hermanos inmigrantes, nos obliga a contar las horas, para discernir en el espíritu, que este es momento de actuar. Porque cuanto más grande es el caos en el mundo natural, más cerca está la solución, en el mundo espiritual. Las crisis vienen, para hacer a Dios ¡necesario! Dios está a punto de dar un giro sobrenatural a nuestra situación. Alguien dijo: *<<Los sueños no desaparecen siempre que las personas no los abandonen y sigan soñando, hasta ver brillar en el horizonte, la luz de la esperanza>>.*

La única lucha que no se gana es aquella que se abandona. Los tiranos que gobiernan sin el temor de Dios, se van a irritar como lo hicieron con los profetas y los apóstoles, porque lo que más exaspera a los opresores, es la imposibilidad de poner grilletes a los soñadores.

Pero hoy, yo te aseguro, que cuando Jehová, hiciere volver la cautividad de los que sufren fuera de su tierra, seremos como los que sueñan. Entonces nuestra boca se llenará de risa, y nuestra lengua de alabanza y estaremos alegres. Pero, para que llegue la alegría, tenemos que sembrar la palabra y abonarla con lágrimas sacrificiales. Es tiempo de determinación. El momento de la determinación llega, cuando se escucha la voz del Señor que dice: ¿A quién enviaré y quién irá en mi nombre? Y entonces responder: He aquí tu iglesia, envíanos a nosotros. ¡Amados siervos y siervas del Señor! En este momento histórico que vive la iglesia y el mundo, no estamos apelando a que tomemos una postura política partidista, pero, como dignos representantes de Cristo, tampoco podemos tomar una postura política escapista para escondernos de la realidad, sino que debemos asumir nuestro compromiso ministerial; sabiendo, que, el ministro que no existe para servir, no sirve para existir.

La palabra <<*ministro*>>, encontramos su origen en el vocablo en

Latín <<*minister*>> que significa <<*servir*>>.

Es decir, que no se hace referencia a un status o título, sino a alguien que presta un servicio, en representación de una institución.

Cada día vemos con profundo pesar y preocupación, el aumento de las disposiciones gubernamentales, donde se les otorga autoridad a los agentes policiales de todos los niveles, para que persigan a los ciudadanos, que parezcan extranjeros, a fin de detenerlos y humillarlos públicamente.

Pisoteando sus derechos con actitudes contrarias a la justicia y a la equidad. Frente a un sistema de leyes migratorias, completamente disfuncional donde no se respeta la dignidad humana, la iglesia no puede guardar silencio. Si Jesús se enfrentó directamente con aquellos que se esforzaban por socavar la dignidad de los desvalidos, los pobres y las mujeres, ¿por qué la iglesia no puede hacer lo mismo?

A la iglesia se le ha delegado la sagrada misión de redimir la dignidad de los seres humanos y como única representante de Cristo, tiene el sagrado deber de denunciar todas las actitudes del hombre y la mujer que tengan la intención de promover la obra de nuestro enemigo, el diablo. En el libro del profeta Jeremías 22:3 el Señor dice así:

> *<<Practicad el derecho y la justicia, librad al oprimido de manos del opresor. Deténganse en sus maldades. Protejan los derechos de los extranjeros e inmigrantes, de los huérfanos y las viudas; ¡dejen de matar inocentes!>>.*

El profeta continúa hablando, para anunciar juicios contra la nación que no atienda a esta advertencia. En el libro de Zacarías 7:9-10 lee:

> *<<Así dice el Señor Todopoderoso: Sean honrados y justos, no reciban soborno y muestren misericordia y bondad hacia todos. Dejen de oprimir a las viudas y a los huérfanos, a los* ***inmigrantes o extranjeros*** *y a los pobres. Dejen de maquinar en cometer maldades contra su prójimo.>>*

Estos derechos otorgados por Dios, no están siendo observados ni respetados por las naciones en el mundo.

Las leyes y políticas de inmigración, necesitan ser actualizadas, para estar acorde con la realidad que se vive a nivel global y acorde con el plan diseñado por nuestro Padre Celestial.

La iglesia tiene la soberana responsabilidad, de dejar la parálisis y poner en acción su orden pontificia o intercesora.

La palabra <<*pontífice*>> viene de la combinación de dos palabras del Latín: <<*Pont*>> = <<*puente y facere*>> = <<*hacedor*>>. Pontífice quiere decir <<*hacedor de puentes*>>.

Por consiguiente, en cumplimiento con nuestro papel intercesor, es nuestra responsabilidad, ***construir puentes*** entre todas las partes legales, que reflejen la realidad, a fin de crear un sistema migratorio, que esté a tono con la justicia de Dios.

El pastor Martin Luther King Jr. dijo:

> *<<El odio nunca puede terminar con el odio; únicamente el amor puede hacerlo>>*

¿Qué será de este mundo turbulento sin la palabra profética?

¿Qué será de este mundo sin amor?

¿Qué será de este mundo sin iglesias convertidas en ciudades de refugio?

CONCLUSIÓN

Este es un tiempo cuando las circunstancias de la vida, están llevando a muchas personas a no tener deseos de seguir adelante. Pero Dios no nos ha llamado para vivir de las circunstancias, sino de la palabra profética más segura que su Espíritu Santo ha depositado en nosotros. Como pueblo de Dios estamos comprometidos con la causa de los más desvalidos.

La iglesia tiene la autoridad para ordenar la apertura de un sistema migratorio, que sea consecuente con la justicia.

El Señor dice a la iglesia: Pídeme, y te daré como herencia todos los reinos y todas las naciones del mundo.

La iglesia tiene la autoridad para tomar decisiones y reclamar que se tomen decisiones que cambien el curso de la historia. Eso fue lo que sucedió en la iglesia del primer siglo. Cuando esto suceda, la tierra será llena del conocimiento de la gloria de Jehová, así como las aguas cubren los mares.

> *<<Después de esto miré, y apareció una multitud tomada de todas las naciones, tribus, pueblos y lenguas; era tan grande que nadie podía contarla y estaban en pie delante del gran trono y del Cordero>>*Aleluya.

BIBLIOGRAFIA

1) Nueva Biblia al Día - Thomas Nelson Publisher.
2) Biblia del Peregrino - Ediciones Mensajero.
3) William Barclay, Comentario al Nuevo Testamento, Editorial CLIE
4) Conozca Sus Derechos Frente a los Agentes del Orden Público. ACLU 125 Brand Street 18th Floor
   New York, NY 10004
   www.aclu.org
5) Este Preparado y Conozca Sus Derechos, Organización Comité Monseñor Romero
6) Jesucristo: El Hijo del Patriarca Abraham
   www.geocities.com/atnens/olympus.
7) Los Hijos de Abraham Son Herederos del Mundo - Es.dcsirninggod.org
8) Fernando Alexis Jiménez
   Estudiosbiblicos.jimdo.com Rompa las maldiciones en su vida
9) Dra. Iris Barrientos. Comunidad Teológica de Honduras
10) Willie Moeller, Libro, Ahora Soy Libre
11) Wil Pounds, Introducción a Rut
12) Psicopedagogia.com Psicología de la Educación
13) Enciclopedia Jurídica - www.enciclopediajuridica.com
14) m-w.com An Encyclopedia Británica Company - Provocación: Merriam-Webster Dictionary
15) Portal Oficial, Gobierno de Estado de Guerrero

La Migración un Derecho Humano
Kalipedia, Prisa Digital, S.L. Gran Vía 32
Madrid, España
16) Monografia.com S.A.
Fundación Wikipedia, Inc. Migración Humana
www.corazones.org
17) Revista Vinculo Jurídico - www.usz.edu.mx/vinculo
18) J Vernon McGee - www.rtmuruguay.org/redencion
19) Mitos Sobre la Inmigración - www.orlandodiocese.org
Ediciones Mensajero S.A.V
20) Elementos de Sociología. J. Nodarse.1962
1de Pedro 5:8
2 Juan 10:10
3 Corintios 11:1
21) EL PROTESTANTISMO EN REPUBLICA DOMINICANA:
Autor: George A Lockward.

www.ingramcontent.com/pod-product-compliance
Lightning Source LLC
Chambersburg PA
CBHW020255290526
45784CB00003B/1268

9781463367978